DES DONATIONS ENTRE ÉPOUX

EN DROIT ROMAIN

ET EN DROIT FRANÇAIS

THÈSE

POUR

LE DOCTORAT

PAR

J. TROPAMER

AVOCAT A LA COUR D'APPEL D'AGEN

AGEN

IMPRIMERIE FERNAND LAMY

43, RUE SAINT-ANTOINE, 43

—

1879

THÈSE

POUR LE DOCTORAT

DES DONATIONS ENTRE ÉPOUX

EN DROIT ROMAIN

ET EN DROIT FRANÇAIS

THÈSE

POUR

LE DOCTORAT

PAR

J. TROPAMER

AVOCAT A LA COUR D'APPEL D'AGEN

AGEN

IMPRIMERIE FERNAND LAMY

45, RUE SAINT-ANTOINE, 45

—

1879

FACULTÉ DE DROIT DE BORDEAUX.

MM. COURAUD (✱), doyen, officier de l'Instruction publique, professeur de *Droit romain*.

BAUDRY-LACANTINERIE, officier d'Académie, professeur de *Droit civil*.

RIBÉREAU, officier d'Académie, professeur de *Droit commercial*.

SAIGNAT, officier d'Académie, professeur de *Droit civil*.

BARCKHAUSEN, officier d'Académie, professeur de *Droit administratif*.

DELOYNES, officier d'Académie, professeur de *Droit civil*.

LANUSSE, officier d'Académie, professeur de *Droit romain*.

VIGNEAUX, officier d'Académie, professeur de *Droit criminel*, chargé du cours d'*Histoire du droit*.

LECOQ, professeur de *Procédure civile*.

LEVILLAIN, agrégé, chargé du cours de *Droit maritime*.

MARANDOUT, agrégé, chargé du cours de *Droit criminel*.

GIDE, agrégé, chargé du cours d'*Économie politique*.

LARNAUDE, agrégé, chargé du cours de *Droit des gens*.

CHEVALIER, docteur en droit, chargé du cours de *Pandectes*.

RAVIER, officier d'Académie, *secrétaire, agent comptable*.

LESPAGNET, étudiant en doctorat, *secrétaire-adjoint*.

RAMBAUD, étudiant en doctorat, *bibliothécaire*.

BIBLIOGRAPHIE.

—

Droit romain.

Accarias.... — Précis de Droit romain.
Demangeat.. — Cours élémentaire de Droit romain.
Du Cauroy . — Institutes de Justinien expliquées.
Machelard.. — Textes choisis des Pandectes.
Pellat...... — Textes choisis des Pandectes.

Droit civil.

Commentateurs du Code Napoléon.

Toullier.
Massé et Vergé.
Marcadé.
Troplong.
Aubry et Rau.
Demolombe.
Laurent.

Dalloz........ — Répertoire.
Dalloz — Sirey. . — Recueils de Jurisprudence.
Grenier. ..... — Donations et Testaments.

Poujol. . . . .— Donations et Testaments.

Saintespès-Lescot.— Donations et Testaments.

Michaux. . . . . . .— Donations entre-vifs.

Vazeille. . . . . . .— Traité des Donations.

Boissonade. . . . . .— Essai historique sur les Donations entre époux

Bugnet sur *Pothier*— Des Donations entre mari et femme.

Ben h. . . . .— Quotité disponible entre époux.

De .esnil . .— Journal le Droit, 24 juillet 1845.

V. . . . . .—   id.   , 11 mars 1846.

Rc . . . .— Revue de Législation, tome Ier.

Pon . . . .—   id.   , t. XVI et XIX.

Marca. . . .— Revue critique de Législation, t. II et III.

Bertaut. .audelle. — Revue pratique de Droit français , t. XIII.

Merville—Vernet.— Revue pratique de Droit français, t. XV.

Ballot. . . . .— Revue de Droit français et étranger , t. IV.

Réquier. . . . .— Revue historique de Droit français et étranger, mars-avril 1864.

Molinier. . . . . . .— Revue étrangère, t. Ier (3me Série).

D .molombe. . . . .— Revue critique, t. Ier.

Duverdy. . . . . . .— Revue historique, 1856.

Demante. . . . . . .— Recueil de l'Académie de Législation de Toulouse, t. IV.

Bauby. . . . .— Revue pratique , t. X.

Rodière et Pont. . — Contrat de mariage.

DROIT ROMAIN

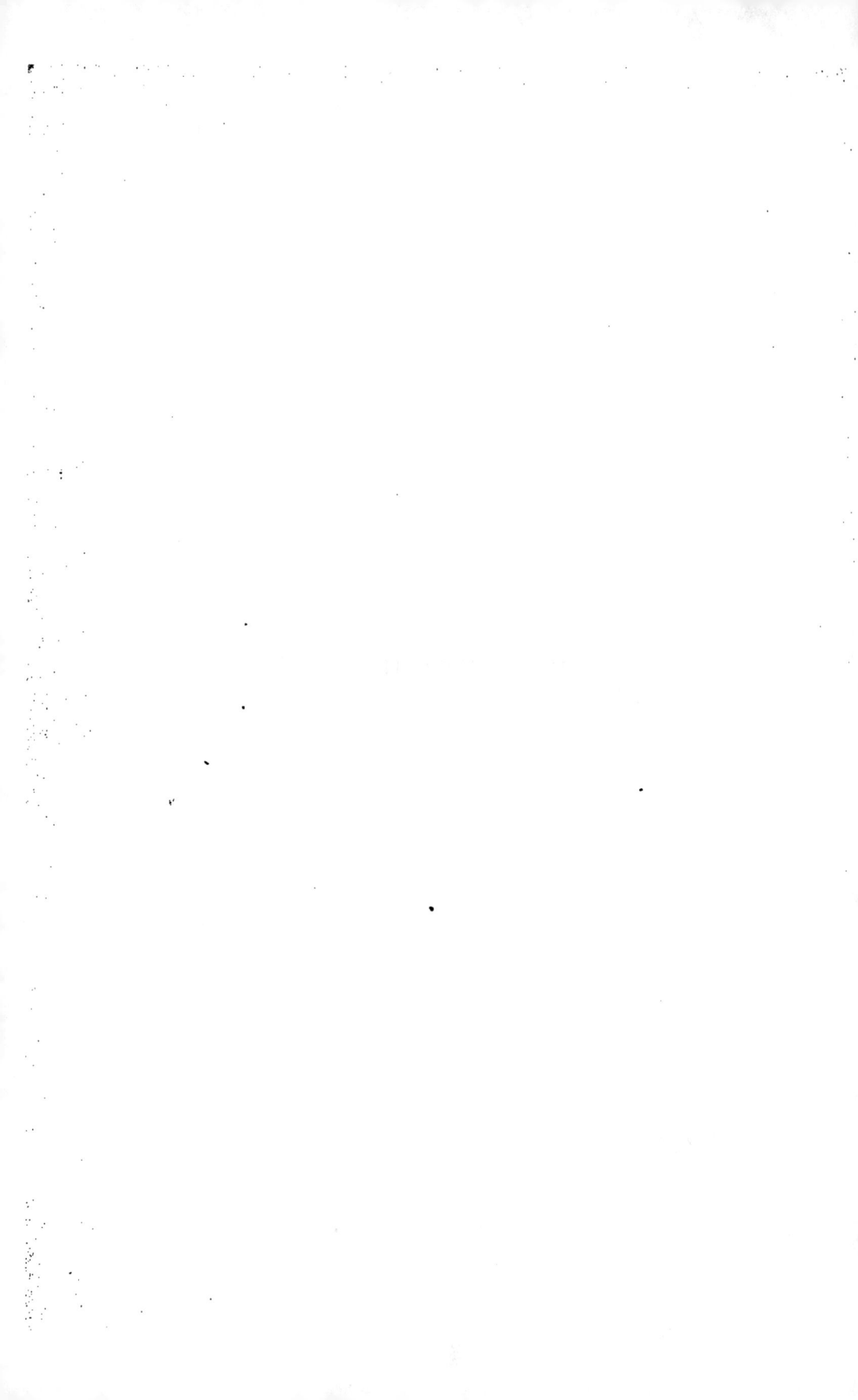

DROIT ROMAIN.

Des Donations entre Époux.

Suivant en cela le sort de toutes les règles du Droit romain, les donations entre époux, à Rome, passèrent par des phases bien diverses avant de devenir ce que nous les trouvons dans la législation de Justinien. Il appartenait à Rome de faire, en tout ce qui concerne le Droit, l'étude des différents systèmes et de léguer aux siècles à venir, comme l'exemple et le fruit de l'expérience des siècles passés, un admirable monument législatif. En ce qui touche d'une façon plus intime la matière même que nous avons entrepris de traiter, nous verrons se produire d'abord le système de la plus absolue liberté. Puis ces donations entre époux, que la loi ou l'usage favorisait, l'usage à son tour les prohibera, jusqu'à ce qu'un sénatus-consulte célèbre soit venu rétablir le système d'une sage liberté, en évitant le double excès dans lequel on était successivement tombé.

Ainsi se trouve tout tracé le cadre de notre travail. Il se divisera en trois parties ou plutôt en trois époques :

1° Les donations entre époux sont permises;

2° Les donations entre époux sont prohibées;

3° Sénatus-consulte d'Antoine Caracalla.

Enfin, dans un court appendice, nous dirons quelques mots de l'influence des seconds mariages sur les donations entre époux.

***

Première époque. — *Les donations entre époux sont permises.*

La donation étant de droit naturel, il semblerait en résulter que les donations entre époux durent être permises à Rome jusqu'au jour où la coutume ou la loi fût venue les prohiber. Exacte en soi, cette proposition n'est cependant vraie que d'une façon relative. Sans doute, les donations entre époux étaient permises pendant les premiers siècles de Rome, mais il est nécessaire d'ajouter qu'elles étaient inutiles. Cela tenait à la constitution même de la société romaine et à cet ancien système de la *manus* qui, joint à la *patria potestas*, faisait de chaque père de famille comme le prince omnipotent d'un petit État. Sans rappeler ici, ce qui nous entraînerait trop loin, le détail des règles de la *manus* ni la façon dont elle prenait naissance, on se souvient que la femme *in manu* était assimilée pour ses droits civils aux enfants de son mari, qu'elle était, à l'égard de celui-ci, *loco filiæ*. Or comme, à la même époque, la *patria pot.stas* attribuait au père de famille la propriété de tous les biens que pouvaient acquérir ses enfants, il est bien évident qu'en donnant à sa femme, le père se serait donné à lui-même, ce qui démontre l'inutilité des donations entre époux tant que subsista la *manus*.

Mais peu à peu la *manus*, universellement pratiquée à l'origine, céda la place au mariage proprement dit. La femme put posséder elle-même, et cette époque vit naître les donations entre époux. Nous n'avons rien de particulier à dire sur une époque dont on ne peut préciser le commencement ni la fin. Elle a existé; la chose n'est pas douteuse, puisque la loi Cincia, qui en 550 de la fondation de Rome vint porter des entraves à la faculté de disposer, fait une exception en faveur des donations entre époux. En 550 donc, les donations entre époux étaient permises et ce point seul n'est pas sans intérêt au point de vue historique.

DEUXIÈME ÉPOQUE. — *Les donations entre époux sont prohibé s.*

C'est postérieurement à la loi Cincia (550) que s'établit peu à peu, à Rome, la coutume dé considérer comme nulles les donations entre époux. La *manus* avait disparu et les donations entre époux s'étaient trouvées permises au moment même où les mœurs romaines, si pures à l'origine, s'étaient corrompues. Souvent un époux plus attaché ou plus faible se laissait arracher des dons considérables par la menace d'un divorce. Telle semble avoir été la cause prédominante de la prohibition qui nous occupe. Les jurisconsultes romains parlent encore de donations excessives inspirées par un attachement réciproque et de l'éducation des enfants qui devait être le soin principal des époux. Il paraît pourtant que le but principal de la prohibition était de mettre un terme à la vénalité des mariages.

Après avoir établi les causes qui firent naître la prohibition des donations entre époux, il convient de rechercher à quelles personnes s'adressait cette prohibition.

Les termes de *vir* et d'*uxor* dont se servent les textes ne laissent aucun doute à ce sujet. C'était entre les époux unis par les justes noces que les donations étaient interdites. Il fallait donc rechercher quelle était la nature de l'union existante entre le donateur et le donataire, recherche plus facile peut-être en théorie qu'en pratique, au moins dans certains cas. Les conjoints étaient-ils pubères ? et à quel âge limitait-on la puberté? Les conjoints et ceux de qui dépendaient les conjoints avaient-ils consenti au mariage ? Enfin les conjoints avaient-ils le *connubium* ? Telles étaient les premières questions à se poser. Mais ce n'étaient pas les seules. Les premières en faisaient naître beaucoup d'autres qu'il serait trop long même de signaler. Une des plus importantes est celle qui venait du point de savoir comment se formait le mariage appelé justes noces. Si c'était un contrat réel ou bien un contrat consensuel. Ce serait sortir sans profit de notre matière que de nous livrer à des études approfondies sur tous ces points; nous devons nous contenter de les signaler en passant. .

De ce que la prohibition des donations entre époux était limitée aux conjoints unis par les justes noces, on doit conclure qu'elle ne touchait pas les concubins ou ceux qu'unissait un lien encore moins respectable. Tel fut, en effet, pendant longtemps, le principe ; mais peu à peu il s'introduisit une règle destinée à lui faire échec, au moins d'une façon partielle, *Ne melior sit conditio eorum qui deliquerunt.* Partant de là, Antonin le Pieux déclarait nulles les donations faites par les soldats à leurs *Focariæ.* Sans doute voulait-il mettre un terme à de fausses caresses propres seulement à amollir le soldat et à le détourner de ses devoirs. Plus tard, Arcadius et Honorius voulant défendre la famille légitime, interdirent à celui qui avait des enfants légitimes de donner à sa concubine et à ses enfants naturels ensemble, plus d'un douzième de ses biens ou à sa concubine seule plus d'un demi-douzième. Plus tard encore, la présence du père ou de la mère du donateur suffit pour faire établir au même taux la quotité disponible à l'égard de la concubine. Valentinien et Gratien limitèrent d'une façon générale cette quotité à trois douzièmes. Mais Justinien décida que la mère du donateur ne pourrait revendiquer contre la concubine que sa légitime.

La prohibition, qui ne frappait que les époux unis par les

justes noces, ne produisait son effet qu'après la célébration du mariage. Entre fiancés, les donations étaient permises et fort usitées. On comprend donc facilement combien était importante la question de savoir à quel moment le mariage était formé, puisque c'était à ce moment précis que les donations cessaient d'être permises. Vers la fin de cette époque, les donations entre fiancés étaient soumises à la condition *si nuptiæ sequantur*. Si la prohibition n'avait frappé que les conjoints eux-mêmes, son but aurait été manqué ; il était nécessaire d'interdire ces donations entre un conjoint et ceux qui étaient en puissance de l'autre, ou en puissance de qui était l'autre. Pareillement la loi eût été tournée si la donation avait pu avoir lieu entre ceux de qui dépendent les époux ou qui dépendent des époux. Il y avait là toute une grande catégorie de personnes qui auraient été légalement interposées ; les jurisconsultes romains évitèrent ce danger en étendant sur elles la prohibition.

La prohibition cessait avec le mariage, par conséquent elle disparaissait après qu'il y avait eu divorce sérieux. Elle disparaissait également entre les personnes tenant aux époux si le lien qui les unissait était brisé. Pour ne donner qu'un exemple, mais qui fera bien saisir notre pensée : quand le père n'eut plus sur le pécule adventice de son fils qu'un droit d'usufruit, la nue propriété du pécule put faire l'objet d'une donation.

On le voit, c'était pendant le mariage seulement que les donations entre époux étaient interdites; mais, tant que durait le mariage, la prohibition portait sur toutes les donations qu'auraient pu se faire les époux, de quelque façon qu'elles fussent faites. Telle était la règle que nous devons faire connaître à présent, nous réservant d'indiquer plus tard les exceptions.

M. Accarias a défini en ces termes la donation en Droit romain : « Un acte par lequel une personne se dépouille gratuitement au profit d'une autre. » Trois caractères essentiels devaient donc se retrouver dans toute donation :

La gratuité ;

Un appauvrissement du donateur ;

Un enrichissement du donataire.

La gratuité était un caractère essentiel de la donation ; il fallait, en d'autres termes, que le donateur ait eu l'*animus donandi*, c'est-à-dire l'intention de faire une libéralité. Celui qui vend à vil prix, forcé par le besoin, ou qui croit être tenu de donner par une obligation civile ou même naturelle ne saurait être considéré comme un donateur.

La seconde condition que doit remplir toute donation consiste dans un appauvrissement du donateur. Le fait de gérer les affaires d'autrui ou de prêter une chose ne saurait constituer une donation. Un point plus délicat est celui de savoir si c'est s'appauvrir que négliger d'acquérir ; en d'autres termes, si celui qui renonce à une succession pour en faire profiter l'héritier du degré subséquent doit être considéré comme un donateur. M. Accarias n'hésite pas à admettre l'affirmative ; mais la loi 5, § 13, II. T. donne une solution contraire.

Enfin le dernier élément constitutif de la donation résulte de l'enrichissement du donataire. Par exemple le fait de donner un terrain pour une sépulture ne constitue pas une donation ; le donataire, en effet, ne s'enrichira pas, le terrain devenant *religiosus* par sa destination.

Après avoir rappelé ces principes de la matière des donations en Droit romain, il est facile d'en tirer une conséquence importante. Pour qu'il y ait dans les relations des deux époux un acte tombant sous le coup de la prohibition, il faudra que cet acte réunisse les trois caractères d'une donation, gratuité, appauvrissement du donateur, enrichissement du donataire. Mais on n'aura pas à rechercher en cette matière plus qu'en celle des donations le mobile qui a inspiré le donateur, que ce soit bienveillance, ostentation ou désir de provoquer à son profit une autre libéralité, ou bien tout autre motif, peu importe.

N'ayant pas la prétention de faire un commentaire complet sur le titre du Digeste qui s'occupe des donations entre époux, mais seulement d'étudier historiquement cette matière, nous n'entrerons pas dans le détail des espèces prévues par les différentes lois Il convient cependant d'en indiquer quelques-unes.

Au cas où le mari aurait donné à sa femme une chose qui ne lui appartenait pas, celle-ci pourra l'usucaper, car il n'y a pas eu là donation prohibée; un des éléments essentiels a fait défaut, l'appauvrissement du mari. Cependant la question a soulevé quelques difficultés dans l'hypothèse où le mari aurait pu usucaper lui-même la chose donnée. On a dit, d'une part, pour expliquer la loi 25 sans faire échec au principe, que le mari ne s'appauvrissait pas en réalité puisqu'il n'était pas encore propriétaire de la chose en question. Mais, prenant en considération que sous le Droit romain le possesseur était fortement présumé propriétaire, d'autres auteurs ont prétendu que la loi 25 n'avait pas prévu cette hypothèse. Nous nous contentons de rappeler cette controverse sans l'approfondir, ce qui ne serait que d'un intérêt médiocre.

Si l'un des époux payait les dettes naturelles de son conjoint, il n'y aurait pas donation non plus, car si l'un d'eux s'est appauvri l'autre ne s'est pas enrichi; de même si l'un des époux donne à l'autre une somme d'argent qui lui servira à donner des jeux publics, à acquérir des dignités, etc., etc.

Il serait moins facile peut-être d'expliquer, sinon par une faveur évidente pour l'un des époux, la loi 14 qui déclare valable la donation d'une somme destinée à réparer une maison détruite par un incendie.

Un conjoint pouvait aussi donner à l'autre un esclave pour l'affranchir, on ne considérait pas comme un enrichissement les services que le patron pouvait stipuler en affranchissant. Mais, dans tous ces cas où une propriété n'entrait dans un patrimoine que pour en sortir, la validité de la donation était soumise à la condition que le but serait rempli.

On ne considérait pas non plus comme des donations les avantages que se faisaient les époux en se prêtant un esclave ou en s'accordant l'usage momentané d'une chose.

De même, les donations portant sur des fruits ou des intérêts n'étaient pas prohibées, à moins qu'il ne s'agit de biens dotaux. La raison de cette distinction était tirée sans doute de ce que les revenus dotaux étaient plus spécialement affectés aux dépenses du ménage.

A Rome, à l'époque dont nous parlons, la propriété de la chose donnée était transférée par un des modes ordinaires de translation de propriété : tradition, mancipation, obligation *verbis* ou *litteris*, acceptilation, pacte de *non petendo*, délégation. Peu importait du reste la forme choisie au point de vue de la prohibition, qui se retrouvait la même dans tous les cas.

Mais la prohibition n'aurait pas été complète si elle n'avait frappé que les donations apparentes. Aussi est-il hors de doute qu'elle s'appliquait également aux donations indirectes, déguisées ou faites par personnes interposées. Elle s'appliquait aux donations indirectes par exemple quand un des conjoints laissait usucaper par l'autre une chose lui appartenant, ou laissait éteindre par non usage une servitude, en un mot, toutes les fois qu'il y avait un avantage indirect.

De même quand une libéralité se cachait sous les apparences d'un contrat à titre onéreux, soit qu'un époux achetât trop cher ou vendît trop bon marché, soit de toute autre manière. Nous en dirons autant des donations faites par personnes interposées. Nous n'avons sur ce sujet qu'un seul point à signaler. A Rome, il n'existait pas, comme en Droit français, de personnes présumées interposées. Il est vrai que les prohibitions entre personnes, que nous avons vu résulter de la *patria potestas*, tenaient lieu de cette présomption en la rendant inutile. Quoi qu'il en soit, il semble que l'interposition de personnes devait être à Rome le moyen le plus facile d'éluder la prohibition des donations entre époux.

Nous avons déjà eu occasion dans les pages précédentes, en recherchant quelles sont les donations qui, à Rome, étaient prohibées entre époux, de signaler certaines libéralités qui échappaient à cette prohibition. Nous devons à présent compléter ce point de vue et déterminer quelles étaient les donations permises.

Indiquons tout d'abord d'une façon générale les libéralités testamentaires. Les legs ne produisant leur effet qu'après le décès du donateur, on n'avait plus à craindre les inconvénients qui signalaient les donations entre-vifs.

C'est pour la même raison que les donations à cause de mort étaient permises entre époux. Ici, du reste, pas plus qu'en matière de legs, le donateur ne se dépouillait lui-même, et la révocabilité devait paraître une garantie suffisante contre la captation.

Il ne sera pas sans intérêt peut-être de nous appesantir un peu plus longuement sur ce point des donations à cause de mort.

Les donations à cause de mort pouvaient se faire à Rome en prévision d'un danger particulier, d'une occasion de mort spéciale ou en général en prévision de la mort du donateur de quelle façon qu'elle arrivât. A un autre point de vue, ces donations pouvaient être soumises à une condition suspensive ou à une condition résolutoire. *Primus* pouvait donner à *secundus ex nunc* et sous la condition que *Secundus* survivra, c'était la condition résolutoire. *Primus* pouvait également donner à Secundus pourvu que *Secundus* lui survive, c'était la condition suspensive. Au premier cas, *Secundus* était propriétaire du jour de la donation ou plus exactement du jour de la tradition, mais cette propriété était résolue s'il ne survivait pas, au second cas *Secundus* était propriétaire s'il survivait et seulement du jour du décès de Primus.

Entre conjoints, la donation à cause de mort pouvait également revêtir l'une et l'autre forme.

S'il y avait condition suspensive, tout se passait comme si le donataire avait été un étranger et non pas le conjoint. Mais quelques difficultés s'étaient élevées au cas de condition résolutoire. Tout d'abord, il était bien certain que le transfert de propriété ne pouvait pas avoir lieu du vivant du donateur, les donations à cause de mort n'étant permises que parce qu'elles produisaient leur effet à un moment où le mariage n'existait plus. Au décès du conjoint donateur, la donation sortait son plein et entier effet pour l'avenir si elle n'avait pas été révoquée. Mais que décider dans le passé ? Admettrait-on un effet rétroactif au jour de la donation ? ou bien dirait-on que la donation commence au jour du décès ?

On admettait l'effet rétroactif toutes les fois que cet effet rétroactif n'était pas nuisible au conjoint, on le refusait dans les cas contraires. Indiquons simplement l'intérêt de la question. Grâce à l'effet rétroactif, le donataire profitait des augmentations survenues à la chose avant le décès du donateur.

Une autre catégorie de donations permises entre les époux était celle des donations *divortii causâ*. On pourrait se demander de prime abord comment une donation pouvait être permise *divortii causâ*, alors que le divorce faisait tomber les donations *mortis causâ*.

Le divorce faisait tomber les donations *mortis causâ* parce qu'il était naturel de présumer que l'époux qui divorçait désirait révoquer sa libéralité.

La donation était permise *divortii causâ* parce que le divorce ne prenait pas toujours sa source dans une cause déshonorante pour l'un des époux.

Le divorce n'était pas permis seulement pour dérèglement des mœurs ou pour mésintelligence réciproque. Il avait lieu fréquemment pour stérilité ou parce que le mari embrassait l'état militaire ou acceptait des fonctions sacerdotales. Dans un de ces cas ou dans tout autre semblable on avait considéré qu'une donation pouvait être un adoucissement au chagrin d'une séparation. Ces donations, du reste, ne produisaient leur effet qu'après le divorce et devaient, pour être valables, être faites en vue d'un divorce décidé.

Les auteurs sont généralement d'accord pour admettre que les conjoints pouvaient encore se faire des donations *exsilii causâ*. L'exil qui pouvait entraîner le divorce laissait cependant ordinairement subsister le mariage. Les conjoints, quoique libres de divorcer, restaient habituellement unis, et l'on est généralement d'avis que, se fondant sur l'exil, ils pouvaient se faire des donations. C'était là, comme on l'a fort bien dit, un *pudicitiæ præmium* et il aurait été puéril de refuser ce droit aux conjoints puisqu'il ne tenait qu'à eux de l'acquérir en réclamant le divorce.

Une question très discutée à Rome et à laquelle on ne peut encore aujourd'hui donner une solution certaine est celle de savoir quel devait être le sort des donations rémunératoires. Cependant on estime généralement qu'elles devaient être prohibées, parce qu'elles présentaient les mêmes inconvénients que les donations ordinaires et parce que, la vie de mariage se composant de services rendus d'après son essence même, ç'aurait été lui faire perdre son caractère que de récompenser ces services. On faisait toutefois une exception pour le conjoint qui avait sauvé la vie à l'autre.

Lorsqu'un acte était de nature mixte, en partie à titre onéreux, en partie à titre gratuit, on le décomposait. Que si cette division était impossible, on penchait en faveur de la validité de la donation.

Enfin, nous avons déjà dit qu'on ne considérait pas comme prohibés les présents de peu de valeur : cadeaux de fête ou de noces, donations de fruits ou d'intérêts, etc.

Toute loi prohibitive doit être nécessairement revêtue d'une sanction sous peine de manquer son effet. La sanction de la prohibition des donations entre époux était, à Rome, la nullité de ces donations. Suffisante dans la plupart des cas, cette sanction ne suffisait plus lorsqu'il s'était produit une modification dans l'état de la chose, préjudiciable au donateur.

· On dut donc créer des actions en faveur du donateur qui s'était illégalement dépouillé de la chose donnée.

Souvent le transfert de propriété avait eu lieu par tradition. On accordait alors au donateur une action en revendication. A vrai dire, cette tradition n'avait pas transféré la propriété, même le donataire n'avait pas acquis une possession utile puisque détenant la chose il ne pouvait l'usucaper, le titre originaire, la cause de la tradition, péchant par sa base.

La revendication rétablissait donc les choses dans leur véritable état.

· Une situation particulière était celle de la femme qui avait construit sur un terrain donné par le mari. On l'assimilait à un constructeur de bonne foi, parce que le mari n'avait pu ignorer la construction. Celui-ci devait donc l'indemniser de ses dépenses; mais, s'il le préférait, la femme pouvait

garder le terrain en en payant le prix au mari et celui-ci
dans ce cas devait donner caution de crainte d'éviction.

Lorsqu'au lieu de donner le terrain, le mari avait donné
les matériaux, Neratius soutenait qu'on ne pouvait appliquer
la règle : *Tignum junctum œdibus ne solvito;* car elle n'était
pas faite pour le cas où le propriétaire des matériaux aurait
consenti à leur emploi. Il accordait donc la revendication,
mais Paul par à *fortiori* appliquait la règle. Le donateur
n'avait donc plus la revendication. Il pouvait revendiquer
la chose après la ruine de l'édifice ou bien réclamer, d'après
l'opinion générale une indemnité par la *condictio* jusqu'à
concurrence de l'enrichissement du donataire.

Que décider dans le cas où la chose donnée avait péri.
La question se tranchait par une distinction : la chose avait-
elle péri sans fraude du donataire, elle était perdue pour le
donateur ; si, au contraire, il y avait eu fraude du donataire,
le donateur avait un recours par la *condictio* ou l'action *ad
ex lubendum.* On appliquait les mêmes solutions lorsque la
chose était sortie des mains du donataire, mais jamais celui-
ci ne pouvait être tenu de rendre plus qu'il n'avait reçu ou
plus que le *quatenus locupletior*, c'est-à-dire l'enrichissement au jour de la demande. Dans l'enrichissement, on faisait rentrer les produits de la chose tels que les enfants
d'un esclave, les legs qu'il aurait rapportés à son maître.
Mais l'augmentation de valeur ne pouvait profiter au donateur, il suffisait qu'il fût rendu indemne.

L'empereur Adrien admit une règle particulière au cas
où les deux époux se seraient fait réciproquement des donations prohibées. Il décida que les deux actions en répéti-
tion se compenseraient jusqu'à concurrence de la somme la
plus faible. Cette règle était fort équitable surtout lorsqu'un
des conjoints avait dissipé la donation reçue ; mais cette
compensation n'était admise qu'entre donations prohibées.

Enfin il était admis que le mari actionné en restitution de

la dot pouvait opposer la compensation ou retention *ob res donatas* jusqu'à concurrence des donations prohibées par lui faites à sa femme.

Lorsque la donation entre époux avait été faite par promesse. Le donateur ne l'exécutait pas et la réclamation du donataire ne pouvait le contraindre à l'exécuter.

De même, la donation par acceptilation ne libérait pas le donataire. On avait poussé si loin ce principe que l'acceptilation faite à l'époux engagé solidairement avec un tiers ne libérait ni l'époux ni le tiers ; si, au contraire, l'acceptilation est faite au tiers, elle le libère sans rompre le lien de la femme. Il était difficile de concilier cette solution avec le principe que l'acceptilation faite à l'un des *Correi Socii* les libère tous. Voet prétendait que l'acceptilation faite au tiers le libérait seul parce qu'elle contenait à son profit un pacte de *non petendo* absolument personnel.

Comme les donations indirectes étaient prohibées de la même façon que les donations simples, il était nécessaire que la même sanction les atteignit.

A ce sujet, les jurisconsultes romains eurent à se demander ce qu'il fallait décider dans le cas où le mari laissait éteindre par non usage une servitude dont l'extinction profitait à la femme. Ils estimèrent qu'il fallait accorder au mari une *condictio* pour réclamer de la femme une indemnité égale à son enrichissement.

Mais le texte le plus intéressant à étudier dans ce chapitre est la loi 44. Elle prévoit que le mari peut laisser usucaper sa chose par la femme et prévoit trois hypothèses bien distinctes. D'abord il faut indiquer que, pour qu'une pareille usucapion ait lieu, il est nécessaire que la femme tienne la chose de son mari, d'un tiers, car si elle la recevait du mari son titre même s'opposerait à l'usucapion. La première hypothèse de la loi 44 est celle dans laquelle les deux époux ignorent la propriété du mari. Il n'y a évidemment pas donation et l'usucapion est possible.

Dans la seconde hypothèse, la femme seule apprend au cours de sa possession le droit de propriété du mari. Sa possession au début ayant été de bonne foi, elle peut encore usucaper.

La troisième hypothèse suppose que les deux époux connaissent le droit du mari et sont d'accord. Alors plus d'usucapion possible, exactement comme si la femme tenait la chose du mari.

Telles sont les trois hypothèses de la loi 44. On pourrait en imaginer une quatrième, celle où le mari connait seul son droit de propriété. La femme a juste titre et bonne foi, elle pourra donc usucaper, mais le mari aura-t-il une *condictio?* Non, dit Savigny; car on ne peut raisonner par analogie du cas où le mari laisse éteindre une servitude par non usage. Dans le cas de non usage, il n'y a qu'une cause d'extinction : l'inaction du mari. Ici, au contraire, à cette inaction vient se joindre la possession de la femme, et le mari, qui peut arrêter à son gré l'extinction de la servitude, serait ici obligé d'intenter une action dont le succès est incertain. De plus, la femme peut perdre la possession et ne pas usucaper par le fait d'un tiers, l'usucapion ne dépend donc pas uniquement du mari.

Telles sont les quatre hypothèses que suscite la loi 44. Dans leur indication, nous avons admis la ponctuation qu'ont acceptée avant nous MM. Savigny et Machelard, ponctuation qui a l'avantage de ne pas mettre Neratius en opposition avec lui-même, puisque, d'après l'autre version, « il affirme-
« rait que la possession est interrompue et que la femme
« possède désormais en vertu d'une donation à elle faite
« par son mari et qu'ensuite il déclarerait l'usucapion possi-
« ble, précisément parce qu'il y aurait donation du mari. »

La donation déguisée sous la forme d'un acte à titre oné-

reux, par exemple une vente entrainait la nullité de la
vente ; mais si la vente avait été sérieuse et que plus tard il
y ait eu remise du prix, c'était cette remise seule qui était
frappée de nullité.

De même la nullité frappait les donations faites par personnes interposées, par exemple quand le mari faisait payer
par son débiteur la chose qui lui était due à la femme, le
débiteur était libéré, mais le mari avait un recours contre la
femme.

TROISIÈME ÉPOQUE. — *Sénatus-consulte d'Antonin Caracalla.*

La prohibition des donations entre époux, à Rome, telle
que nous venons de l'étudier, produisait des effets excessifs.
Sous prétexte d'éviter la captation, elle mettait les conjoints
dans l'impossibilité de se témoigner, par une donation mo-
dérée et équitable, une estime réciproque ou la reconnais-
sance inspirée par une vie tout entière de dévouement et de
bons offices.

Aussi s'ingénia-t-on à chercher le moyen de tourner la loi
et ce moyen on le trouva dans une confirmation testamentaire. Le donateur renouvelait sa libéralité par testament.
Mais si, pour une cause ou une autre, le donateur négligeait
cette précaution, il n'était pas rare de voir ses héritiers,
allant contre ses vœux, faire révoquer les donations qui
avaient eu lieu au profit du conjoint.

C'est pour remédier à cet inconvénient qu'Antonin Caracalla proposa et fit adopter le sénatus-consulte qui porte son
nom. On est aujourd'hui d'accord pour reconnaitre que ce
sénatus-consulte est le même que celui que certains textes
attribuent à Septime Sévère ou à Septime Sévère et à Antonin Caracalla. L'explication de cette double appellation
est que le sénatus-consulte dont on parle fut proposé par

Antonin Caracalla lorsqu'il était adjoint au gouvernement de l'Empire, du vivant de son père, Septime Sévère.

A partir de ce sénatus-consulte, on considéra la donation entre époux comme faite sous la condition suspensive que le donateur ne révoquerait pas.

La donation se trouvait donc confirmée par le prédécès de l'époux donateur survenu sans révocation.

Les héritiers du donateur étaient hors d'état de faire révoquer après son décès.

Les donations entre époux se trouvèrent, après le sénatus-consulte d'Antonin Caracalla, assimilées presque complètement aux donations à cause de mort. On peut cependant signaler cette différence que, pour que l'effet rétroactif se produisit dans les donations ordinaires, il fallait que le donataire se fût conformé à la formalité de l'insinuation pour les libéralités excédant 200 ou 500 solides, suivant l'époque.

A quelles personnes s'appliquait le sénatus-consulte de Caracalla? Aux époux, évidemment; mais il s'appliquait aussi aux personnes entre qui la prohibition existait à raison du lien de puissance qui les unissait à l'un des époux. Ainsi, la donation faite par un beau-père à son gendre est confirmée par le décès du donateur arrivé après la dissolution du mariage. Il faudra, dans tous les cas, que le conjoint réputé donateur prédécède aussi.

Les commentateurs ne sont point parvenus à se mettre aussi parfaitement d'accord sur le point de savoir à quelles donations s'appliquait le sénatus-consulte.

Pour les donations par tradition, pas de difficulté ; chacun reconnaît qu'elles tombent sous le coup du sénatus-consulte. Mais, en ce qui concerne les donations par promesse ou acceptilation, les avis sont partagés et la difficulté est née à propos des textes d'Ulpien. Tous les textes de ce savant jurisconsulte admettent, par la généralité de leurs termes, l'application de la nouvelle règle. Un seul, la loi 23 à notre titre,

paraît être en opposition. Cette loi est ainsi conçue : « *Papi-*
« *nianus rectè putabat orationem divi Severi ad rerum*
« *donationem pertinere : denique si stipulanti spopondisset*
« *uxori suæ, non putabat conveniri posse heredem mariti,*
« *licet durante voluntate maritus decesserit.* »

On le voit, Ulpien rapportait une doctrine de Papinien, qui
consistait à établir une distinction entre les donations par
tradition et les donations, par promesse ou acceptilation.
D'après Papinien, les premières seules étaient visées par le
sénatus-consulte. De plus, en rapportant ce texte, Ulpien
dit : « Papinien pensait *avec raison.....* »

De là, on a prétendu qu'Ulpien s'était rangé à la doctrine
de Papinien.

Comment donc faire pour concilier Ulpien avec lui-même?

D'abord, on a voulu soutenir qu'il y avait deux sénatus-
consultes sur notre matière, l'un de Septime Sévère et l'autre
de Caracalla. Mais c'était là un argument auquel on dut
bientôt renoncer. On prétendit alors que le mot *rectè* avait
été ajouté par les compilateurs du Digeste et que d'autres
interpolations viendraient à l'appui de cette thèse !

Mais si l'on ne veut pas nous concéder qu'il y ait eu alté-
ration du texte, ne pouvons-nous pas, plutôt que de mettre
Ulpien en contradiction avec lui-même, soutenir que ce mot
rectè s'appliquait uniquement au premier membre de phrase
et qu'Ulpien, dont le texte a été probablement tronqué, com-
battait dans la partie qui nous manque la seconde proposition.

Enfin, ceux qui comme nous admettent que le sénatus-
consulte s'appliquait aux donations par promesse ou acceptilation font remarquer que 'la novelle CLXII confirme
absolument cette manière de voir. Cette novelle, qui a été
découverte fort tard, n'est point glosée, il est vrai; mais
qu'importe à notre question !

Nous venons de déterminer à quelles personnes et à quelles donations s'appliquait le sénatus-consulte de Caracalla. Il nous reste à en faire connaitre les conditions d'application. En d'autre termes, quelles étaient les causes qui pouvaient entraver l'effet du sénatus-consulte.

La donation était confirmée pourvu que le donataire survécût au donateur sans que celui-ci ait révoqué et pourvu qu'il n'y ait pas eu de divorce.

Nous allons donc examiner successivement l'effet de la révocation, de la survie du donataire et du divorce.

La révocation par le donateur faisait tomber la donation et l'annulait, mais pour cela il était nécessaire que le donateur ait eu d'une façon certaine l'intention de révoquer. Du reste, il n'était pas nécessaire que la révocation fût expresse. Une intention claire et certaine suffisait, mais était indispensable; dans le doute, la question devait être tranchée en faveur de la validité de la donation.

Si le donateur avait changé plusieurs fois d'avis, on s'attachait à rechercher la dernière intention.

La révocation tacite résultait de l'aliénation faite par le donateur de la chose donnée.

Que décider dans le cas où le mari avait donné à sa femme un esclave et que cet esclave se trouvait être son héritier. Ulpien recherchait avec raison la date de l'institution et celle de la donation. Si l'institution était première en date, l'esclave devenait héritier, mais pour le compte de la femme donataire; si, au contraire, la donation avait précédé l'institution, on voyait dans ce second acte l'intention de révoquer la libéralité. L'esclave devenait libre et héritier nécessaire.

Pendant longtemps on considéra la constitution d'hypothèque sur la chose donnée comme une révocation, à moins qu'il ne fût manifeste que le donateur n'avait pas eu l'intention de révoquer, auquel cas le donataire conservait la chose à charge de désintéresser le créancier.

Justinien, dans une novelle, remarqua avec juste raison que celui qui consent une hypothèque n'a nullement l'intention d'aliéner et il décida en conséquence que la constitution d'hypothèque ne vaudrait plus révocation, à l'avenir.

La seconde cause qui empêchait la confirmation des donations entre époux était le prédécès du donataire. Cela était logique, car le donateur ayant le droit de révoquer jusqu'à son dernier souffle, on devait supposer qu'il révoquerait sa donation aussitôt que le prédécès du donataire la rendrait inutile.

Que décidait-on lorsque les deux époux étaient morts dans un même événement? Il n'y avait pas à Rome, comme chez nous, de présomption de survie basée sur l'âge. On penchait vers la validité de la donation, à moins que les héritiers du donateur ne parvinssent à prouver que celui-ci avait survécu.

S'il y avait eu donation par la femme au père de son mari et que le père vint à décéder laissant son fils vivant, quel était le sort de la donation?

Les Romains faisaient une distinction. Le mari donataire réputé avait-il recueilli toute la succession de son père, la donation subsistait et continuait sur la tête du mari; si celui-ci n'avait recueilli qu'une partie de la succession ou avait été deshérité, la donation était nulle ou confirmée pour partie.

La mort civile résultant d'une condamnation, la *servitus pœnœ*, ou l'esclavage qui étaient assimilés à la mort naturelle produisaient les mêmes effets en matière de donations entre époux. Elles confirmaient la donation si elles frappaient le donateur, l'infirmaient au contraire si elles frappaient le donataire.

Le citoyen romain qui était fait prisonnier par l'ennemi

était censé mort au moment même où il avait été pris ;
mais s'il revenait il était présumé n'avoir jamais été pris.
Si donc le donateur est fait prisonnier et meurt prisonnier,
la donation est confirmée du jour où il a été pris ; s'il revient,
la donation reste en suspens.

Si les deux époux sont pris en même temps et que tous
deux reviennent, leur servitude est sans effet ; si un seul
revient, c'est lui qui a survécu ; si aucun ne revient, ils sont
considérés comme morts en même temps et la donation est
confirmée.

Enfin, la troisième cause qui empêchait la confirmation de
la donation, c'était le divorce ; on présumait que les conjoints qui divorcent n'ont plus l'*animus donandi*. Mais si un
rapprochement avait eu lieu entre les époux, on admettait
la validité de la donation en ne s'attachant qu'à la dernière
intention comme au cas où le donateur avait changé plusieurs fois d'avis.

Si le divorce entraînait la nullité de la donation, il fallait
que ce fût un divorce sérieux ; un peu de froideur, *frigus-
cula*, une habitation séparée même auraient été totalement
insuffisants.

A l'époque où le *paterfamilias* pouvait signifier à son fils
ou à sa bru l'ordre de divorcer, ce divorce infirmait la
donation et, plus tard, lorsque le père de famille n'eut plus
ce droit excessif, le *repudium* qu'il envoyait avait encore
pour effet d'entraîner la nullité des donations entre époux
comme si l'époux donateur avait révoqué lui-même.

Des secondes noces.

Afin de traiter en Droit romain les mêmes matières que
nous aurons à examiner plus loin en Droit français, il nous
reste à rechercher quelle était en Droit romain l'influence
des seconds mariages sur les donations entre époux.

Jusqu'à Auguste, aucune législation spéciale ne nous a

été transmise concernant les secondes noces; il est donc probable que la question n'était pas encore née et que les jurisconsultes n'avaient pas eu à s'en occuper.

Mais lorsque, cédant au désir et au besoin pressant de repeupler l'Empire, Auguste chercha à multiplier les mariages, il dut nécessairement s'occuper des secondes noces. Les lois Julia et Pappia Popea ne distinguaient pas suivant que l'union était la première ou qu'elle avait été précédée d'une autre. Tous les mariages étaient également favorisés. On ne s'inquiétait que de multiplier la procréation.

Cependant afin d'éviter la confusion de part, il était interdit à la veuve, sous peine d'être notée d'infamie, de convoler en secondes noces avant l'expiration de dix mois de deuil.

Bientôt le point de vue auquel était placé le législateur se modifia. Le christianisme avait fait son apparition et répandait partout une morale plus pure et plus élevée. Il considérait le veuf ou la veuve qui gardait sa foi au conjoint disparu comme plus digne de faveurs que celui qui renouait de nouveaux liens. Et la loi dut s'occuper alors d'améliorer le sort de ceux qui existaient, plutôt que de favoriser la procréation d'une nouvelle famille.

En l'année 381, Gratien, Valentinien II et Théodose Ier portèrent à un an la durée du délai de viduité imposé à la veuve sous peine d'infamie.

L'année 382 vit édicter la constitution *Feminæ quæ*.

Prévoyant le cas où une veuve convolerait à un second hymen, la constitution *feminæ quæ* limitait ses droits sur les biens qu'elle avait reçus de son premier mari. Il lui était impossible d'en disposer au profit soit de son nouveau mari, soit des enfants du second lit. Le droit de propriété de la veuve remariée se résolvait en un usufruit, même dans le cas où l'un des enfants du premier lit, après avoir hérité de son père, venait à décéder laissant sa mère héritière. Ses biens devaient nécessairement retourner à ses frères et sœurs consanguins. La veuve n'en avait que l'usufruit. Il est nécessaire d'ajouter que les enfants du second lit recevaient seuls aussi les biens provenant de leur père.

Jusqu'à Justinien, la mère pouvait choisir parmi les enfants du premier lit celui ou ceux auxquels elle désirait transmettre ce qu'elle avait reçu du premier époux ; mais depuis ce prince un tel choix ne lui fut plus possible et les biens du premier mari durent être partagés également entre tous ses enfants.

En outre, Justinien décida que si la veuve avant de convoler avait aliéné les biens reçus du premier époux, l'aliénation était mise en suspens par le second mariage et ne devenait définitivement valable que si la veuve survivait à tous les enfants du premier mariage.

Les règles édictées par Justinien et que nous venons de rapporter s'appliquaient au veuf remarié comme à la veuve.

En effet, en 44î, Théodose II et Valentinien III, par une constitution *le Generaliter*, avaient étendu aux veufs qui se remariaient les prohibitions de la constitution *feminæ quæ*. Les mêmes empereurs avaient modifié le droit de la veuve remariée sur les biens qu'elle recevait par héritage d'un enfant du premier lit. Ils lui accordaient l'usufruit sur ceux qui avaient appartenu au premier mari, et ils lui permettaient d'hériter en pleine propriété de tous ceux qui avaient une autre origine.

Justinien, par diverses novelles, limita d'abord, puis étendit les droits de la veuve sur ces biens. Les lois que nous venons d'étudier assuraient aux enfants du premier lit la fortune de leur auteur prédécédé, mais les empereurs allèrent plus loin et voulurent qu'ils ne fussent pas privés de leur part dans la fortune de leur auteur remarié.

En 380, les empereurs Théodose Iᵉʳ et Valentinien II limitèrent à un tiers la part que la veuve pouvait donner sur ses propres biens, à son nouveau mari soit en dot, soit par testament, quand elle s'était remariée avant l'expiration des dix mois de viduité. Plus générale dans sa défense, la constitution *Hàc edictali*, en 469, limita à une part d'enfants moins prenant ce que le veuf ou la veuve remariée pouvait donner à son nouveau conjoint. Les enfants du premier lit pouvaient faire réduire à leur profit toute donation excédant cette limite. Justinien, après avoir décidé que le bénéfice de cette réduction serait en partie attribué aux enfants du second lit, en revint bientôt à la première règle, et les enfants du premier mariage profitérent seuls de la réduction.

DROIT FRANÇAIS.

La donation dans son sens le plus général peut être défi-
nie : « Une libéralité qu'une personne fait volontairement à
une autre. » Mais cette définition aurait fait concevoir de la
donation entre-vifs, telle qu'elle est régie par le Code Napoléon, l'idée la plus fausse. Aussi, le législateur a-t-il pris soin,
dans l'art. 894, d'en consacrer une autre beaucoup plus res-
treinte :

« La donation entre-vifs, dit-il, est un acte par lequel le
« donateur se dépouille actuellement et irrévocablement de
« la chose donnée en faveur du donataire qui l'ac-
« cepte. »

C'est qu'en effet, le caractère essentiel de la donation
entre-vifs consiste dans le transfert de droits, actuel et irrévocable, dans le dépouillement immédiat du donateur. Notre
Code a voulu repousser les donations à cause de mort, les
démissions de biens et tous les autres systèmes bâtards produits de l'invention de donateurs qui voulaient bien préférer
un tiers à leurs héritiers, mais non pas à eux-mêmes et qui
cependant tenaient à conférer à ce tiers autre chose qu'une
espérance de succession.

Mais ces donations diverses qu'il repoussait dans les cas

habituels, le Code les autorise lorsqu'elles ont lieu entre époux ou de la part d'un tiers en faveur du mariage.

Nous verrons donc se produire dans le cours de cette étude, à côté des donations de biens présents, les donations de biens à venir, les donations de biens présents et à venir, enfin les donations sous condition potestative du donateur. C'est assez dire que la définition de l'art. 894 n'a pas cours en cette matière des libéralités entre époux. C'est pourquoi, bien qu'une définition ne soit pas chose indispensable pour un acte aussi usuel, aussi bien connu que celui dont il est question, nous adopterons, si l'on tient à en avoir une, celle que nous donnions tout à l'heure : une libéralité qu'une personne fait volontairement à une autre.

Pourquoi le législateur s'est-il montré si large en cette matière ? C'est ce qu'il n'est guère nécessaire de répéter. La faveur du mariage, la nécessité de le faciliter et tous les intérêts moraux qui s'y rattachent sont des raisons suffisantes.

Mais le point saillant et qu'il importe d'établir bien nettement tout d'abord, c'est la différence judicieuse qui a été édictée entre les donations faites avant le mariage et celles faites pendant.

Tandis que les donations faites avant le mariage sont irrévocables, les donations faites pendant le mariage sont essentiellement révocables.

La situation respective des époux n'est pas la même, en effet, dans les deux cas :

Avant le mariage, chacun d'eux est libre de donner ou de ne pas donner, peut-être aussi l'union projetée ne se concluera-t-elle qu'à cause de telle ou telle donation.

Pendant le mariage, l'un des époux est souvent soumis à l'influence de l'autre, ne faut-il pas le garantir contre sa propre faiblesse ?

Ces considérations nous tracent la marche que nous aurons à suivre dans le travail que nous entreprenons. Une première partie sera consacrée à l'étude des donations entre époux avant le mariage. Dans la seconde, nous nous occuperons des donations entre époux pendant le mariage. Enfin, la troisième partie se trouvera réservée à la quotité disponible entre époux.

PREMIÈRE PARTIE.

Donations entre époux avant le mariage.

Les donations entre époux avant le mariage peuvent être faites, soit dans la forme ordinaire, c'est-à-dire par acte notarié, soit par le contrat de mariage.

Mais au cas où ces donations ont lieu par acte distinct, elles ne sont plus présumées faites en faveur du mariage et elles ne peuvent plus avoir pour objet que des biens présents ; elles restent soumises aux règles des donations entre-vifs. On comprendrait donc difficilement qu'un donateur employât cette voie détournée qui n'est ni économique ni avantageuse. Il pourrait le faire cependant, afin d'éviter les règles spéciales sur la quotité disponible entre époux ; mais ce calcul serait déjoué par l'art. 1099 : « Les époux ne pourront se « donner indirectement au-delà de ce qui leur est permis « par les dispositions ci-dessus. Toute donation, ou déguisée « ou faite à personnes interposées sera nulle. »

C'est donc au point de vue théorique seul que nous indiquons cette manière de disposer.

Dans la pratique, les donations entre époux avant le mariage se feront par le contrat même de mariage. Nous avons déjà dit que, dans ce cas, toutes sortes de donations étaient permises. Cependant, le législateur, au titre que nous étudions, n'entre dans aucun détail à ce sujet. L'explication en est facile à donner. Les donations entre époux par contrat de mariage ne sont pas les seules pour lesquelles notre Code se relâche de la sévérité de ses principes, il a étendu la même faveur à toutes les donations en vue du mariage faites par les parents des futurs époux ou par des tiers. Voilà pourquoi il se contente, dans le chapitre IX, de renvoyer au chapitre précédent, signalant seulement les exceptions qu'il pose aux règles déjà portées (1091). C'est donc par le chapitre VIII que nous compléterons la théorie des diverses donations permises.

Nous examinerons successivement dans quatre chapitres séparés :

1° Les donations de biens présents ;

2° Les donations de biens à venir ;

5° Les donations de biens présents et à venir ;

4° Les donations sous condition potestative.

Mais, afin de simplifier cette étude et pour éviter des redites fatigantes, nous allons indiquer tout d'abord quelques règles auxquelles sont soumises ces diverses classes de donations.

I. — Aux termes de l'art. 932, toute donation entre-vifs n'est valable qu'à la condition d'avoir été acceptée expressément. Bien plus, si l'acceptation a lieu par acte séparé, il faut que cet acte soit un acte notarié en minute et la donation n'est parfaite que du jour où l'acceptation en a été signifiée au donateur. L'art. 1087 pose une exception à cette règle en faveur des donations par contrat de mariage. Ces donations ne sauraient être déclarées nulles sous prétexte de défaut d'acceptation ; ce qui revient à dire qu'une acceptation tacite serait suffisante.

II. — La seconde règle est écrite dans l'art. 1088.

Elle soumet les donations en faveur du mariage à la condition tacite « *si nuptiæ sequantur* ». Alors même qu'un texte formel n'eût pas pris soin de nous l'apprendre, nous aurions dû appliquer cette règle qui résulte bien manifestement de l'intention des parties. Mais peu importe que le délai d'abord fixé pour la célébration du mariage ait été augmenté.

Toutes les fois que le mariage a eu lieu, les donations doivent être maintenues, l'art. 1088 n'étant applicable et n'ayant sa raison d'être que lorsque l'union projetée n'a pas été contractée.

III. — En troisième lieu, les donations disparaissent si le donataire et sa postérité décèdent avant le donateur (art. 1089) ; cette règle s'applique à toutes les donations en faveur du mariage en en exceptant les donations de biens présents.

IV. — Enfin, les donations par contrat de mariage restent réductibles et rapportables (art. 1090).

V. — La question de l'irrévocabilité mérite un plus sérieux examen. En principe (art. 894), les donations entre-vifs sont irrévocables, et nous avons déjà dit qu'il en est de même des donations entre époux faites avant le mariage. Mais, dans certains cas spéciaux prévus par la loi, les donations ordinaires sont soumises à la révocation.

Ces causes de révocation sont :

1° L'inexécution des conditions;

2° La survenance d'enfant;

3° L'ingratitude.

Et nous avons à nous demander si ces causes de révocation peuvent s'appliquer aux donations entre époux.

Aucune difficulté pour ce qui concerne l'inexécution des conditions ; la raison de décider de l'art. 954 subsiste tout entière, et il est admis sans conteste que ce texte se trouve ici dans sa sphère d'application.

Pour ce qui concerne la survenance d'enfants, la question se tranche par une distinction. Personne n'a jamais soutenu que la survenance d'un enfant commun puisse porter atteinte à la validité de la donation. Il est bien certain, en effet, que, la procréation étant un but principal du mariage, la théorie opposée irait à l'encontre et de la volonté du législateur et de celle des parties. Du reste, l'art. 960 est formel. Mais que décider de la survenance d'un enfant d'un autre lit ? Titius a donné par contrat de mariage à Titia une somme de 20,000 fr. Titia décède, peu de temps après, sans enfants, et ces 20,000 fr. sont recueillis dans sa succession par des étrangers. Titius se remarie et, de cette nouvelle union, il a un enfant. Pourra-t-il demander la révocation de la donation de 20,000 fr. faite antérieurement à Titia ?

On doit admettre, je crois, l'affirmative. Toutes les raisons qui ont fait établir cette cause de révocation dans la matière des donations entre-vifs se retrouvent ici.

Mais c'est à propos de la révocation pour cause d'ingratitude que se sont élevées les plus graves difficultés. Toutefois, avant d'en aborder l'étude, il sera nécessaire d'examiner une question connexe à celle-là et dont la solution ne sera pas sans influence.

L'art. 299 du Code civil établissait « que l'époux contre lequel le divorce aura été admis perdra tous les avantages que l'autre époux lui avait faits soit par contrat de mariage soit depuis le mariage contracté. »

Puis vint la loi du 8 mai 1816 qui abolit le divorce, et l'on put se demander si la séparation du corps devait faire perdre à l'époux contre lequel elle était prononcée les avantages qui lui avaient été faits par son conjoint.

Aucun texte spécial à la matière de la séparation de corps ne tranchait la difficulté; mais l'art. 299 écrit au titre du divorce était-il applicable ?

Deux camps se formèrent dans la doctrine comme dans la jurisprudence. De part et d'autre, la lutte fut vive ; elle dura, sans avantage signalé, jusqu'en 1845. Mais , à cette date, la Cour de cassation, abandonnant sa première jurisprudence, se rallia au système que pendant trente ans la plupart des Cours d'appel avaient maintenu contre elle.

Dès lors, la jurisprudence fut fixée et elle n'a plus varié depuis.

Toutefois, bien que la question ne puisse plus se poser en pratique, il sera peut-être bon de l'examiner avec soin. Nous indiquerons d'abord le premier système suivi par la Cour de cassation avec les arguments sur lesquels il se basait. Après quoi, nous parlerons de l'arrêt du 23 mai 1845, des principes sur lesquels il s'étaye et des conséquences qu'il a entraînées.

Pendant de longues années, la première chambre de la Cour de cassation a jugé que la séparation de corps n'entraînait pas la révocation des donations faites au profit du conjoint contre lequel la séparation avait plus tard été prononcée. Ces arrêts se fondaient sur ce que l'on ne peut pas transporter une règle d'une matière dans une autre. Il leur semblait donc impossible d'appliquer à la séparation de corps les art. 299 et 300 qui font partie du titre du divorce.

Ce système était suivi par d'excellents auteurs : Merlin, qui n'avait pas été sans influence sur les décisions de la Cour suprême, Toullier, Grenier, Duranton, Coin-Delisle et bien d'autres.

Tous faisaient remarquer que l'art 299 devait d'autant moins être étendu qu'il prononçait une peine et que, par conséquent, on ne pouvait suppléer à l'oubli peut-être volon-

taire ou, tout au moins, au silence du législateur. Que l'on
applique à la séparation de corps certaines règles du divorce que les juges auraient le droit d'édicter lors même
qu'elles ne seraient pas écrites dans la loi, rien de mieux.
Mais autre chose est de créer une peine, autre chose de prendre une mesure d'ordre.

Du reste, la situation des conjoints était bien différente en
cas de divorce ou en cas de séparation. Dans le premier cas
plus de mariage, le divorce le faisait disparaître.

Dès lors, le conjoint divorcé pouvait se remarier et ces
avantages qu'on lui aurait conservés lui auraient précisément facilité cette seconde union, cela bien évidemment
d'une façon absolument contraire au vœu du donateur.
C'était pour éviter cette situation que l'art. 299 était écrit,
et la loi avait pu être faite ainsi d'autant mieux que, le mariage étant dissous, on ne pouvait plus craindre de porter
atteinte à l'immutabilité des conventions matrimoniales.

Si, au lieu du divorce, nous supposons que c'est la séparation qui a été prononcée, combien différente est la position
des conjoints ! Le mariage subsiste, on n'a plus à craindre
une seconde union en présence du conjoint donateur, dépouillé et délaissé. On doit aussi prendre garde de toucher à
l'irrévocabilité du contrat de mariage. Enfin cette séparation
peut n'être que momentanée, la réunion est possible, et la
loi la désire ; si vous voulez conserver à la séparation son
caractère de trève, si vous voulez que la réconciliation reste
possible, évitez d'irriter davantage les deux époux l'un contre
l'autre avec ces déchéances de l'art. 299. Tels sont les motifs,
disaient les partisans de ce système, qui ont guidé le législateur. Et l'on voit que cette distinction entre le divorce, qui
entraîne la révocation et la séparation de corps, qui laisse
subsister les avantages que se sont faits les deux époux,
découle naturellement de la différence qui existe entre le

divorce et la séparation : l'une laissant subsister le mariage, l'autre l'annulant.

D'ailleurs, si le législateur avait voulu reproduire la règle de l'art. 299, il l'aurait reproduite comme il a reproduit l'art. 298 dans l'art. 308. Mais l'art. 299, n'ayant pas été écrit pour la séparation de corps, ne doit pas plus lui être appliqué que les autres textes relatifs au divorce, par exemple les art. 386 et 767 du Code civil. Quant à l'art. 1518, qui dispose relativement au préciput de communauté et qui assimile la séparation de corps au divorce, c'est un texte spécial à la matière de la communauté et dont on ne pourrait tirer argument sans en exagérer la portée.

Voilà les principaux arguments sur lesquels se basait le système que la Cour de cassation a consacré jusqu'au 23 mai 1845. Mais il faut dire que ce système était repoussé par la plupart des Cours d'appel.

A la date que nous venons d'indiquer, la Cour de cassation fut appelée à se prononcer, toutes chambres réunies. M. le procureur général Dupin prit des conclusions en faveur du système que nous venons de faire connaître. D'après lui, on ne pouvait assimiler sur ce point la séparation de corps au divorce. Dans la chambre du Conseil, la délibération fut longue, et M Troplong nous raconte, dans son traité des donations et des testaments, que ce ne fut qu'après une discussion de sept heures et demie qu'une majorité de 18 voix contre 16 put se former pour repousser les conclusions de M. Dupin.

Quoi qu'il en soit, le retentissement de cet arrêt fut immense; la jurisprudence était dorénavant fixée.

C'est qu'en effet, les plus fortes raisons militaient en faveur de cette solution.

Dans notre ancien Droit, à une époque où la séparation de corps existait seule et où le divorce n'était pas permis, la plupart des auteurs et les Parlements admettaient la révocation des donations entre époux comme une suite de la séparation de corps. C'est là, comme le fait remarquer M. Demolombe, une preuve bien certaine que l'art. 299 ne puisait pas sa base dans la dissolution du mariage opérée par le divorce. Du reste, si telle avait été la cause de cet article, il n'aurait pas distingué entre le conjoint qui obtient le jugement et celui contre lequel il est prononcé. S'il a fait cette distinction, c'est que la cause de révocation découlait de l'intention présumée des parties, de l'inexécution des conditions ou de l'ingratitude.

Après avoir ainsi fait remarquer que le fondement de la doctrine contraire n'est pas exact, si l'on se place à un point de vue purement moral, il est bien certain que la raison d'être de l'art. 299 se retrouve en matière de séparation de corps comme en matière de divorce.

Dans l'un comme dans l'autre cas, la vie commune cessant, les libéralités perdent leur cause ; dans l'un comme dans l'autre cas, il y a ingratitude de la part de l'époux donataire contre lequel a été rendu le jugement.

Cette similitude devient plus frappante encore si l'on prend connaissance des travaux préparatoires, d'où il résulte que la séparation de corps a été rétablie pour être le divorce des catholiques.

Le législateur ne s'était pas d'abord préoccupé de la séparation de corps et le projet du Code ne parlait que du divorce. Plus tard, et sur les réclamations des Tribunaux, cette lacune fut comblée. Mais tandis que le Code posait avec soin les règles du divorce qui devait disparaître douze ans plus tard, il esquissait à peine les traits principaux de la séparation qui devait subsister seule. C'est de là que sont venues toutes les difficultés.

Mais, outre la raison historique et la raison morale que nous indiquions tout à l'heure, des arguments de texte viennent renforcer notre système.

L'art. 1518, s'occupant du préciput en matière de communauté, déclare qu'après la séparation de corps comme après le divorce, celui des conjoints qui a obtenu le jugement conserve son droit au préciput. Cette déchéance implicite prononcée contre l'autre conjoint est d'autant plus frappante, comme le fait remarquer M. Demolombe, qu'il s'agit ici d'un avantage de communauté, résultant d'une convention et non pas d'une libéralité pure. Il faudrait donc admettre, pour combattre cet argument, que le conjoint qui est déchu d'un bénéfice conventionnel conserve les donations, ce qui paraît assez difficile à soutenir.

En outre, aux termes de l'art. 310, toute séparation de corps autre que celle fondée sur l'adultère pouvait, au bout de trois ans écoulés sans réconciliation, être convertie en divorce à la demande de celui des conjoints contre qui avait été prononcée la séparation. Si donc la séparation n'avait pas entraîné la révocation des avantages entre époux, comme cette révocation résultait certainement du divorce, on eût vu se produire les résultats suivants : Le conjoint condamné en séparation, c'est-à-dire coupable, aurait, après trois ans, demandé et obtenu à coup sûr le divorce. Il aurait conservé les donations à lui faites puisque le divorce n'aurait pas été prononcé contre lui ; quant au conjoint innocent qui avait obtenu la séparation, il aurait perdu les donations faites par l'époux coupable, puisqu'il n'aurait pu échapper à la demande en divorce. Cela reviendrait à dire que le législateur, inconséquent quand il écrivait l'art. 1518, serait allé droit à l'inverse du but qu'il voulait atteindre en écrivant l'art. 310.

On a bien essayé de soutenir que l'art. 299 ne s'appliquait pas au divorce obtenu en vertu de l'art. 310, mais cette opinion paraît difficile à défendre en présence des premiers mots de l'art. 299 : « *pour quelle cause que le divorce ait lieu.* »

Indiquons en terminant par où pèche un autre argument de la doctrine contraire qui consiste à dire que les peines ne s'étendent pas. Il n'est pas question ici de peine, mais d'une simple déchéance fondée sur l'intention présumée des parties.

Enfin, nous ne pouvons croire que la révocation des libéralités, résultant de la séparation de corps, empêche la réconciliation des époux. Il nous semble, au contraire, que le désir de regagner les avantages perdus pourrait décider le conjoint condamné à faire des concessions et à essayer un rapprochement.

Revenons, à présent, à la question de savoir si les donations entre époux sont révocables pour cause d'ingratitude.

Il est facile de voir le lien qui unit cette question à la précédente. C'est sur l'ingratitude autant que sur l'inexécution des conditions qu'est basé l'art. 299 ; et du moment où l'on décide que l'art. 299 s'applique aux donations entre époux, il semble difficile de soutenir que ces donations ne sont pas révocables pour ingratitude. Telle est, en effet, la solution à laquelle est arrivée la Cour de cassation ; mais, avant de parler de l'état actuel de la question, il faut, comme nous l'avons fait pour la question précédente, indiquer le système qui a semblé longtemps prévaloir.

L'art. 959 du Code civil dispose que les donations *en faveur* du mariage ne sont pas révocables pour ingratitude ; tout revient donc à savoir si les donations entre époux par contrat de mariage sont des donations en faveur du mariage. L'affirmation ne paraît pas douteuse au premier abord, surtout en présence des termes de l'art. 960 qui parle de donations « faites en faveur du mariage par d'autres que des ascendants aux conjoints ou par les conjoints l'un à l'autre. » On remarque du reste que les donations que se font les futurs époux sont souvent une cause déterminante de l'union projetée ; que, dans le langage vulgaire, elles sont comprises sous la dénomination : donations en faveur du mariage. Toucher à ces donations et les faire révocables, ce serait violer deux fois le principe d'irrévocabilité, car elles doivent être irrévocables comme donations entre-vifs et comme faisant partie des conventions matrimoniales.

Tel est l'argument de texte, très fort il faut le reconnaître, qui avait déterminé dans ce sens la Cour de cassation et beaucoup d'auteurs.

Mais, lorsqu'en 1845, la Cour suprême rendit l'arrêt célèbre dont nous avons parlé et qui a mis fin au désaccord qui divisait les Cours et les Tribunaux sur l'application de l'article 299; elle sembla du même coup résoudre implicitement la question qui nous occupe.

Cependant, ce n'est que le 26 février 1856 que la question fut expressément résolue dans le sens de la révocabilité. Depuis lors les arrêts de Cours d'appel et un autre arrêt de Cassation, du 17 février 1873, ne laissent plus aucun doute sur ce point de jurisprudence.

L'arrêt de 1856 se fonde sur ce que, dans notre ancien droit où les donations en faveur du mariage étaient irrévocables comme elles le sont sous l'empire du Code civil, on était d'accord pour accorder la révocabilité fondée sur l'ingratitude contre les donations entre époux. C'est qu'en effet, une différence profonde sépare les donations faites dans le contrat de mariage par le conjoint ou par un tiers.

Les donations émanées d'un tiers sont, à proprement parler, faites en faveur du mariage; outre que ce sont elles qui le plus ordinairement déterminent au mariage, elles sont encore, au cas de survie du donateur, présumées faites en faveur des enfants à naitre du mariage.

En fait, le tiers qui donne à l'un des futurs époux donne aussi à l'autre et aux enfants; le conjoint du donataire et les enfants profiteront comme le donataire de la donation. Et admettre la révocabilité pour ingratitude en cette matière, ne serait-ce pas punir, en même temps que le donataire ingrat, son conjoint et les enfants qui sont innocents?

Au contraire, la donation faite par un conjoint à l'autre est toute personnelle. Si elle est révoquée, les biens ne sortiront pas de la famille et les enfants les recueilleront toujours dans la succession du donateur. Même ce donateur offrira plus de garanties pour la conservation de ces biens que le donataire qui s'est montré ingrat. Voilà pourquoi notre ancien Droit, qui admettait la révocabilité des donations entre époux, repoussait la révocabilité des donations faites par un tiers.

La raison de décider est restée entière sous notre Droit. Bien plus, il résulte des travaux préparatoires du Code que c'est en se basant sur ce motif que le législateur a édicté l'art. 959.

On pourrait, à ce double argument tiré de notre ancien Droit et des travaux préparatoires, en ajouter un autre que le simple bon sens suggère.

Puisqu'il n'existe aucun motif particulier de refuser la révocabilité pour ingratitude contre les donations entre époux, la morale n'exige-t-elle pas le maintien de cette garantie au profit du donateur? Mais l'ingrat, dans l'espèce, c'est le conjoint dont l'ingratitude revêt à ce titre même un caractère encore plus odieux, et c'est parce qu'il serait plus ingrat qu'il serait plus protégé!

Enfin l'influence de la question, que nous avons étudiée avant celle-ci, doit aussi se faire sentir. C'est à cause de l'ingratitude que l'art. 299 prononce la révocation comme suite nécessaire de la séparation de corps, et vous ne voudriez pas accorder cette révocation pour le même motif, indépendamment de l'action en séparation.

On avait soutenu que le donateur pourra toujours intenter la demande en séparation et faire tomber ainsi la libéralité.

A cela, M. Demolombe a répondu en faisant remarquer :

1° Que le donateur a pu décéder sans avoir le temps de poursuivre la séparation, par exemple s'il est mort victime de son donataire.

2° Que le conjoint qui a obtenu la séparation peut devenir ingrat à son tour.

Dans l'un et l'autre cas, l'action en révocation doit pouvoir être exercée en dehors de la demande en séparation.

Quant à l'argument qu'on tire contre ce système de l'art. 960, il est certain que ce texte range les donations entre époux parmi les donations en faveur du mariage. Mais une semblable appellation ne doit pas seule nous décider en présence des raisons si fortes que nous venons d'indiquer, surtout si nous considérons que l'art. 960 n'a pas pour but de déterminer quelles sont les donations en faveur du mariage et que ce texte a été rédigé sans très grand soin, puisqu'il déclare que toutes les donations faites par un donateur sans enfants seront révoquées par survenance d'enfant et qu'il excepte en première ligne la donation faite par un ascendant à son enfant.

Nous ne serons pas influencés davantage par le tableau qu'on nous fait de l'intérieur d'un ménage où la révocation aura été exercée, car il est bien certain que le donateur n'exercera cette action que simultanément avec l'action en séparation ou lorsque celle-ci sera impossible parce que la séparation aura été prononcée.

Il est bien certain, enfin, que cette révocation mise à la portée des héritiers pourra avoir des inconvénients, mais aurait-il mieux valu laisser le donataire, assassin de son donateur, jouir de la donation? Nous ne pouvons le croire.

Nous nous rangerons donc complètement au double système de la Cour de cassation et nous soutiendrons avec elle que le jugement de séparation de corps entraîne la révocation des donations faites au conjoint condamné, et que les donations entre époux faites par contrat de mariage sont révocables pour ingratitude.

VI. — La dernière règle générale de la matière des donations entre époux par contrat de mariage est écrite dans l'art. 1095. Elle a trait à la capacité des mineurs. On voit qu'en principe, le mineur est incapable de contracter. Cependant, l'art. 144 autorise le mariage de l'homme à 18 ans, celui de la femme à quinze ans, et l'art. 145 décide qu'avant cet âge, il peut être accordé des dispenses par le gouvernement.

Puisqu'on considérait qu'à dix-huit ou quinze ans suivant le sexe, et quelquefois auparavant les personnes pouvaient être physiquement et moralement assez développées pour s'engager dans les liens du mariage, il était logiquement nécessaire de reconnaître leur aptitude à procéder aux actes accessoires de cette union.

C'est ce que les anciens auteurs traduisaient par le brocard : « *Habilis ad nuptias, habilis ad pacta nuptialia.* »

Le législateur français, conséquent avec lui-même, a donc adopté la même conclusion. Cette conclusion, il l'a écrite dans trois textes qui forment à eux seuls une théorie complète : les art. 1398, 1095, 1309.

L'art. 1398, aussi général que possible dans ses termes, nous apprend « que le mineur habile a contracter mariage est habile à consentir toutes les conventions dont ce contrat est susceptible, pourvu qu'il ait été assisté dans le contrat des personnes dont le consentement est nécessaire pour la validité du mariage. » L'art. 1095 pose le même principe en ce qui concerne les donations entre époux. Enfin, l'art. 1309 porte que le mineur n'est pas restituable pour les conventions ainsi consenties.

Nous voyons donc, dès à présent, que les mineurs capables de se marier sont habilités pour les donations entre époux par contrat de mariage, moyennant certaines conditions que nous aurons occasion d'étudier plus complètement, et nous devons d'abord nous demander quelles personnes rentrent dans la catégorie de ces mineurs.

Il semble tout d'abord que l'on doive entendre par ce mot les personnes que la loi range habituellement dans cette catégorie, c'est-à-dire les personnes qui n'ont pas encore atteint 21 ans.

Cependant, quelques auteurs ont cru qu'il était question de la minorité en matière de mariage. On se souvient, en effet, que «le fils qui n'a pas atteint l'âge de 25 ans accomplis, la fille qui n'a pas atteint l'âge de 21 ans accomplis ne peuvent contracter mariage sans le consentement de leurs père et mère» (art. 148). Partant de là, on disait que, d'après la liaison même qui existe entre la capacité requise pour le mariage et la capacité nécessaire pour les conventions civiles de ce mariage, il ne pouvait être question ici que de la majorité de 25 ans. Mais, à cela, on a répondu avec l'art. 488 « qu'à 21 ans, on est capable de tous les actes de la vie civile, sauf la restriction portée au titre du mariage, » ce qui ne saurait viser en aucun cas les art. 1095 et 1398.

Que, le texte étant formel, on ne peut argumenter des motifs de la loi et qu'en fait du reste, l'ascendant dont le consentement est nécessaire pour le mariage sera toujours libre de le refuser tant que le contrat ne lui conviendra point.

Ainsi donc, le mineur dont nous nous occupons est le mineur de 21 ans. Mais nous n'hésiterons pas, avec les auteurs et la jurisprudence, à considérer que l'art. 1095 s'applique aux mineurs qui n'ont point atteint 15 ou 18 ans suivant les sexes, mais qui ont obtenu des dispenses d'âge.

Les personnes dont l'assistance est nécessaire au mineur pour le contrat de mariage sont les mêmes dont le consentement est indispensable à la validité du mariage civil.

Si le père et la mère existent, tous les deux ou au moins le père (art. 148) ; à défaut de père, la mère ; à défaut de la mère, les ascendants des deux lignes ; en cas de partage dans une ligne, l'aïeul l'emporte sur l'aïeule ; en cas de dissentiment entre les deux lignes le partage emporte consentement (art. 150) ; enfin, à défaut d'ascendant, le conseil de famille (art. 160).

On voit que ces personnes sont toujours appelées à raison de la parenté, sans qu'il y ait lieu de rechercher à qui appartient la tutelle. Il a semblé que l'affection des parents devait être un guide aussi sûr que possible et que ces parents, ordinairement âgés lorsqu'il s'agit des ascendants et incapables par cela même des soins multiples de la tutelle, seraient très aptes à donner un conseil unique et dont dépend le plus souvent l'avenir du futur époux.

Nous devons nous demander aussi quelle est la nature de l'intervention de ces parents. Dans les actes habituels de la vie civile, la personnalité du tuteur remplace complètement celle du mineur. Ici, au contraire, c'est une assistance qu'apportent les conseils ; leur expérience et leur raison viennent simplement compléter celle du mineur. C'est dans ce sens qu'il est admis universellement que le contrat de mariage où les conseils du mineur auraient stipulé seuls et en son absence serait un contrat nul.

Mais on aurait tort de conclure de là que la présence personnelle de ces ascendants au contrat est indispensable. De même qu'ils peuvent pour le mariage civil fournir une autorisation écrite ou déléguer un mandataire (art. 36-73), de même ils pourront user de la même faculté pour le contrat de mariage ; s'il est fourni une autorisation écrite, elle devra, comme au cas de l'art. 73, être rédigée par acte authentique.

S'il est délégué un mandataire, celui-ci sera porteur d'une procuration notariée. Dans l'un et l'autre cas, l'autorisation ou la procuration sera spéciale, ce qui revient à dire qu'elle énoncera formellement les donations autorisées par l'ascendant, faute de quoi le contrat sera nul.

Ainsi autorisé ou plutôt assisté par les personnes indiquées un peu plus haut, le mineur est pleinement capable. Il peut faire toutes les donations que pourrait faire un majeur à sa place. Remarquable exception, si nous considérons surtout que, passé ce moment du contrat de mariage et même s'il est marié, le mineur retombe dans son incapacité habituelle, c'est-à-dire que, jusqu'à sa majorité, il reste hors d'état de faire une donation et qu'il ne peut disposer par testament que de la moitié des biens dont il pourrait disposer s'il était majeur. Tandis que, par le contrat de mariage et avec l'assistance légale, il est pleinement capable. Il ne faudrait cependant pas exagérer cette capacité; car, si elle est incontestable, il n'est pas moins certain qu'elle n'existe qu'à l'égard de certaines personnes.

Ce n'est qu'au futur conjoint que le mineur, futur conjoint lui-même, peut faire des donations. Il ne pourrait pas disposer au profit de tiers même dans leur contrat de mariage à eux ou dans son contrat de mariage propre.

Tel est le sens de l'art. 1095, telle en est la portée. Nous devons à présent examiner quelles en sont les conséquences et quelle en est la sanction.

En d'autres termes, si le mineur n'est pas assisté, quel est le sort du contrat? La nullité qui le frappe est-elle relative ou absolue? Les auteurs, et nous citons MM. Rodière et Pont, Duranton, Dalloz, étaient d'accord pour considérer cette nullité comme relative. Le mineur seul pouvait l'invoquer et seulement s'il était lésé, la lésion devant être appréciée non d'après une clause séparée, mais d'après l'ensemble du contrat. Le contrat pouvait donc être annulé et les époux pouvaient retomber sous le régime de la communauté légale, mais cela seulement sur la plainte du mineur.

M. Troplong adoptait aussi ce système de la nullité relative

tout en faisant remarquer qu'une ratification de la part du
mineur était impossible pendant le mariage, car elle cons-
tituerait un changement aux conventions matrimoniales
(art. 1395), en substituant un contrat valable à un contrat
susceptible d'être annulé.

En terminant, cet auteur signalait un arrêt de la Cour de
cassation du 5 mars 1855, qui considérait cette nullité
comme absolue et il ajoutait que « cet arrêt aurait peut-être
besoin de s'appuyer sur d'autres décisions pour dissiper tous
les doutes. »

Aujourd'hui, le doute n'est plus possible ; la Cour suprème
a rendu deux autres arrêts dans le même sens, l'un le
20 juillet 1859, l'autre le 19 juin 1872. Dans l'intervalle, plusieurs Cours se sont décidées dans le même sens, et la jurisprudence paraît fixée.

Les auteurs que j'ai cités invoquaient en faveur de la nullité relative l'art. 1125 du Code civil et les principes généraux de la matière, « d'après lesquels le mineur a un principe
de consentement et de capacité qui n'a besoin que d'être
fortifié par des précautions établies dans l'intérêt unique du
mineur. »

La Cour de cassation a répondu que dans les contrats de
mariage tout doit être stable, car les nécessités d'ordre public
dominent ces questions, de telle sorte qu'une nullité y est
nécessairement absolue.

Qu'on adopte en théorie un système ou l'autre, il n'en est
pas moins certain qu'en pratique, la question a perdu beaucoup de son intérêt et que le contrat de mariage, auquel
n'ont pas été appelés les parents dont la loi a requis l'assistance, est à la merci de tous les tiers qui ont intérêt à le
faire tomber. Cette considération seule fait comprendre l'importance de la question et explique les développements dans
lesquels nous avons cru devoir entrer.

CHAPITRE PREMIER. — *Donation de biens présents.*

Les donations de biens présents entre époux sont soumises aux règles ordinaires (art. 1092-1081).

Nous appliquerons donc ici les règles écrites dans notre Code, au titre des donations entre-vifs. Ainsi s'appliquera tout d'abord la règle donner et retenir ne vaut, sur le dépouillement actuel et irrévocable du donateur. A défaut de ce dépouillement, la donation ne deviendrait pas nulle, mais elle changerait de nature ; elle cesserait d'être une donation de biens présents pour devenir une donation de biens à venir ou une donation sous condition potestative.

Nous appliquerons encore les textes sur la capacité requise du donateur et du donataire.

Rappelons seulement l'art. 1095 : « *Habilis ad nuptias, habilis ad pacta nuptialia.* »

A un autre point de vue, ces donations doivent être faites par acte notarié au cas où elles ne seraient pas faites par le contrat de mariage ; mais si elles sont faites par contrat de mariage, aux termes de l'art. 1087 elles ne sauraient être déclarées nulles sous prétexte de défaut d'acceptation. Nous avons déjà exposé ce point.

Ces donations seraient soumises, suivant les cas, à la formalité de la transcription (art. 939), ou de l'état estimatif (art. 948), même dans le cas où la donation serait conditionnelle, car il y a toujours droit acquis au profit du donataire.

Pour en finir avec le chapitre des donations de biens présents, il nous faut ajouter quelques mots sur l'art. 1092 : « Toute donation entre-vifs de biens présents, faite entre époux par contrat de mariage, ne sera point censée faite sous la condition de survie du donataire, si cette condition n'est formellement exprimée. »

Cette rédaction, bizarre en apparence, a sa raison d'être historique : .

Dans notre ancien Droit écrit, on présumait toujours la condition de survie; tandis qu'en pays de coutumes, cette clause ne se suppléait pas. Notre Code suit les errements du Droit coutumier. La clause de survie ne se présume pas, mais elle est licite et l'on peut l'insérer soit comme condition suspensive soit comme condition résolutoire.

L'art. 1092 exige dans ce cas qu'elle soit formellement exprimée, mais la jurisprudence admet la condition tacite pourvu qu'elle soit évidente, par exemple si on donne à la femme l'habitation dans la maison commune.

Ce qui sera parfois difficile, ce sera de distinguer une donation de biens présents sous condition suspensive de survie, d'une donation de biens à venir. L'intérêt de la distinction est cependant fort grand. Comme on l'a fort bien dit : le donataire de biens présents sous condition est un créancier; le donataire de biens à venir est un héritier éventuel. Cette différence en engendre beaucoup d'autres fort importantes qui se résument en ceci, que le donataire de biens présents sous condition a dores et déjà un droit certain sur l'objet donné, tandis que le donataire de biens à venir n'a qu'une espérance. Au cas où cette confusion se produirait, il appartiendrait aux Tribunaux de la faire cesser; de même qu'il leur appartiendrait de déclarer que la condition doit être réputée accomplie, lorsque le donateur lui-même en aurait empêché l'événement (art. 1178).

CHAPITRE II. — *Donation de biens à venir.*

Attribuer au donataire un droit certain et irrévocable qui ne produira ses effets qu'au décès du donateur, tel est le but de la donation de biens à venir. Ce genre de contrats était inconnu à Rome et dans nos pays de Droit écrit. Il tirait son origine des lois barbares, et nos coutumes l'avaient adopté. Furgole l'appelait : un « testament irrévocable ». — Eusèbe de Laurière le définissait, dans le cas particulier qui nous occupe : « Un don irrévocable de succession fait par contrat de mariage au profit des époux et des enfants qu'ils doivent avoir ensemble. »

Enfin, ce genre de donations portait habituellement le nom d'institution contractuelle.

De tout cela, nous pouvons déduire les caractères spéciaux de ce mode de disposer : C'est un choix d'héritier fait par contrat. D'où les conséquences relatives à la capacité des parties qui devront être capables d'aliéner ou d'acquérir à titre gratuit. Cette donation peut être universelle, à titre universel ou à titre particulier. Quelle que soit sa forme, le donataire acquiert immédiatement un droit éventuel, soumis, comme nous l'avons déjà dit, à la condition qu'il survivra au donateur. Mais quelle sera la valeur de cet engagement, le donateur sera-t-il libre de le révoquer à son gré ? L'art. 1083 rappelle les règles de notre ancien Droit sur ce point. Le donateur reste libre d'aliéner les biens donnés à titre onéreux, mais il ne peut plus les aliéner à titre gratuit, si ce n'est pour somme modique à titre de récompense ou autrement (art. 1083).

La sanction de cette règle en découle naturellement. Lorsque le droit du donataire sera en état de produire tous ses effets, c'est-à-dire après la mort du donateur, le donataire pourra revendiquer les biens donnés contre les tiers détenteurs qui les auraient acquis à titre gratuit, mais non pas contre ceux qui les auraient acquis à titre onéreux.

Au décès du donateur, le donataire se trouvera dans la situation d'un héritier ordinaire : il pourra accepter, répudier ou accepter sous bénéfice d'inventaire. Mais ce n'est qu'alors qu'aura lieu le transfert de propriété, d'où l'on conclut que la transcription n'est nécessaire qu'à cette époque. Quand les donations de biens à venir sont faites par un ascendant ou un tiers, « elles sont présumées faites au profit des « enfants et descendants à naître du mariage » (art. 1082). Au contraire, lorsqu'elles sont faites par l'un des futurs époux, « elles ne sont pas transmissibles aux enfants issus du « mariage en cas de décès de l'époux donataire avant l'époux « donateur. »

Il est à peine besoin d'indiquer la raison de cette diffé-rence. Dans le premier cas, on n'a pas voulu que les enfants perdissent le bénéfice de cette donation; dans la seconde espèce, cet inconvénient n'était plus à redouter, et il im-porte peu aux enfants de recueillir les biens donnés dans la succession de l'un ou l'autre de leurs parents. Il eût été fort mauvais en tous cas que le père se trouvât dépouillé vis-à-vis de ses enfants et qu'il perdît ainsi, même en partie, le droit de récompenser ou de punir inhérent à l'autorité pater-nelle.

Ainsi donc, lorsqu'une donation de biens à venir a été faite par un conjoint à l'autre, les enfants du mariage ne sont pas substitués à l'époux donataire qui décéderait avant l'époux donateur. Mais cette substitution, qui n'est pas écrite dans la loi, pourrait-on la stipuler?

Quelques bons auteurs ont soutenu l'affirmative. Rien, disent-ils, n'autorise l'opinion contraire et stipuler cette subs-titution, ce serait simplement sortir de l'exception de l'art. 1093 pour rentrer dans la règle de l'art. 1082.

Mais on a fait remarquer avec raison, croyons-nous, que les termes de l'art. 1093 semblent conçus dans la forme prohibitive, qu'il serait fâcheux de voir le père dessaisi de son autorité; enfin, que l'art. 906 interdit les donations aux per-sonnes non conçues. L'art. 1082 posait une exception, il est est vrai; mais, ce texte cessant d'être applicable, on retombe sous le coup de la règle commune.

CHAPITRE III. — *Donations de biens présents et à venir.*

La donation de biens présents nécessite le dépouillement immédiat du donateur et nul ne se dépouille volontiers de son vivant. La donation de biens à venir n'a pas cet inconvénient, mais elle ne transmet au donataire qu'un droit éventuel soumis à toutes les chances de ruine du donateur. L'une était trop dure pour le donateur, l'autre trop peu sûre pour le donataire. Le législateur, alors, a autorisé les donations cumulatives de biens présents et à venir, donations mixtes qui sauvegardent mieux les intérêts de toutes les parties.

Primus donne à Secundus ses biens présents et à venir. Tout se passe jusqu'au décès de Primus comme si la donation était une donation simple de biens à venir. Mais, après le décès de Primus, Secundus a un droit d'option. Il peut accepter la donation dans son entier et tout continue alors de se passer comme au cas de la donation de biens à venir. Il peut aussi n'accepter que les biens que possédait le donateur au jour de la libéralité et alors tout est réglé comme s'il n'était intervenu ce jour-là qu'une donation de biens présents.

Si Primus a fait de mauvaises affaires depuis la donation, le donataire prendra ce dernier parti ; si, au contraire, il a amélioré sa situation, la première décision sera préférable.

On le voit, ainsi conçue, la donation cumulative réunit les avantages des deux autres genres, mais elle constitue en même temps la plus grave dérogation au Droit commun que nous ayons encore rencontrée. On comprend aussi l'expression de certains auteurs qui appellent cette donation : donation d'option, et il est évident que cet acte ne pourra être qu'universel ou à titre universel.

4

Le droit d'option du donataire ne sera exercé qu'au décès du donateur. Jusqu'à sa mort, celui-ci reste nanti des biens donnés. Il peut en disposer à titre onéreux seulement et, lorsqu'il n'est plus, le donataire fait son choix. La donation alors prend son caractère, elle devient ou une donation de biens à venir, ou une donation de biens présents. Si le donataire opte pour la donation dans son entier, il est tenu de toutes les dettes antérieures et postérieures à la donation, au prorata de son émolument, bien entendu, si la donation est à titre universel. S'il choisit, au contraire, la donation de biens présents, il n'est tenu que des dettes antérieures à la libéralité.

Il était donc nécessaire de pouvoir distinguer 'es dettes antérieures et les dettes postérieures à la donation, et ceci nous amène à étudier les conditions auxquelles est soumise la validité de la donation cumulative de biens présents et à venir.

1° « Il sera annexé à l'acte un état des dettes et charges du donateur existantes au jour de la donation. » Cette condition est la première, elle est essentielle et, en son absence, il ne reste plus qu'une donation de biens à venir. C'est une application de la règle *non sunt bona nisi deducto œre alieno.* On n'a pas voulu qu'il y ait de difficultés pour la détermination de ces dettes et on a cherché à sauvegarder à la fois les droits des créanciers antérieurs à la donation qui auraient pu être colloqués sur les biens restants après la distraction de la donation de biens présents, biens probablement insuffisants, et ceux des héritiers du donateur à qui il ne reste que ces biens et qui, s'ils avaient accepté purement et simplement la succession, auraient soldé ces dettes de leurs propres deniers. Tels sont, croyons-nous, les motifs qui ont déterminé le législateur à exiger cet état de dettes sans lequel il ne peut y avoir de donations de biens présents et à venir.

2° La condition que nous venons d'indiquer, suffisante entre les parties, ne l'est pas à l'égard des tiers. La propriété immobilière ne se transmet à leur égard que par la transcription. Il serait donc nécessaire de faire transcrire la donation cumulative qui comprendrait comme bien présent un immeuble, faute de quoi le droit du donataire serait primé par celui d'un acquéreur qui aurait fait transcrire avant lui.

3° Enfin l'art. 948 exige qu'un état estimatif soit annexé à toute donation mobilière, et nous devons considérer que ce texte est ici applicable. Cet état estimatif n'empêchera nullement l'application de l'art. 2279: « En fait de meubles......» Mais si le donataire ne peut répéter la chose contre l'acquéreur de bonne foi, il pourra au moins en répéter le prix contre la succession du donateur.

Telles sont les règles de la donation cumulative. Lorsqu'une telle donation est faite par un tiers à l'un des futurs époux, elle est présumée faite en faveur des enfants à naître. Lorsqu'au contraire, elle est faite par l'un des époux à l'autre, cette présomption cesse (art. 1093) et nous devons en conclure, comme nous l'avons fait pour les donations de biens à venir, qu'on ne pourrait stipuler cette transmissibilité aux enfants non conçus.

Nous en avons fini avec les donations cumulatives. Nous nous sommes efforcés de faire ressortir comment cet acte réunissait les avantages des donations de biens présents et des donations de biens à venir; mais il est nécessaire d'indiquer maintenant pourquoi ce genre de donations, comme celui que nous examinerons un peu plus loin, semble devoir être beaucoup moins fréquent entre époux que de la part des tiers envers les époux. Les donations des tiers aux époux ont une grande influence en ce sens que les avantages pécuniaires entrent en considération dans tous les mariages et sont pour quelques-uns la cause déterminante. Il est donc nécessaire que ces donations confèrent dores et déjà un droit aux donataires.

Entre époux, au contraire, les donations ont trait plus
naturellement au temps où le mariage n'existera plus.
Chacun veut que son conjoint, s'il lui survit, ait une existence facile. Qu'importe sur quelle tête reposeront les revenus tant que tous deux vivront unis. C'est pour l'époque où
l'un des conjoints aura disparu qu'il faut assurer au survivant une existence honorable. La donation de biens à venir,
la donation d'usufruit surtout est indiquée, et c'est en effet la
plus répandue. La donation de biens présents et à venir, la
donation sous condition potestative, sont permises; elles peuvent se présenter et nous avons dû prévoir cette hypothèse
que nous croyons cependant de nature à se réaliser ra-
rement.

CHAPITRE IV. — *Donations, sous-condition potestative
du donateur.*

Sous ce titre général : Donations sous condition potestative du donateur, on réunit toutes les libéralités qui font
échec à la règle donner et retenir ne vaut.

Que le donateur stipule en sa faveur le droit de disposer
à nouveau de la chose qu'il donne, qu'il soumette le donataire à l'obligation de payer toutes ses dettes même futures
ou qu'il emploie une autre forme quelconque, il y aura condition potestative toutes les fois que le donateur se réser-
vera le droit de révoquer sa libéralité.

Une telle donation sera donc parfois encore moins sûre
qu'une donation de biens à venir; mais elle constituera
cependant en faveur du donataire un avantage qui, malgré
l'aléa auquel il est soumis, méritera l'attention. Le donataire
risquera de gagner sans risquer de perdre, car en aucun
cas il ne sera tenu des dettes que jusqu'à concurrence du
montant de la donation.

Tels sont les traits principaux de ces donations qui sont

soumises à la condition de survie du donataire et à la prohibition de l'art. 1093.

On ne peut donc stipuler leur transmissibilité aux enfants
à naitre.

Il n'en est point parlé au chapitre des donations entre
époux, mais personne n'a jamais douté qu'elles fussent permises, car elles rentrent dans la généralité des termes de
l'art. 1091.

C'est ainsi que nous avons passé en revue les diverses
donations autorisées entre conjoints par contrat de mariage.
Nous n'avons pas la prétention d'avoir examiné complètement cette matière. A vrai dire, elle ne rentrait pas dans
notre sujet et un simple renvoi aux ouvrages qui l'ont
traitée aurait pu paraître suffisant. Nous avons préféré
rappeler les caractères principaux de ces différentes donations, mais il nous a semblé qu'insister plus longuement
serait abandonner sans profit réel la tâche que nous avons
entreprise.

Un mot cependant encore sur les trois derniers chapitres.
La capacité requise entre les parties doit exister sur leurs
têtes au jour de la donation et non pas au jour du décès du
donateur. Nous adoptons cette solution fondée sur le caractère d'irrévocabilité de ces donations qui les range dans
une catégorie plus voisine des donations entre-vifs que des
testaments. C'est pour la même raison que ces donations
seront réductibles, s'il y a lieu, à leur date et non au décès
du donateur.

Enfin, nous nous contenterons de renvoyer aux considérations qui terminent le chapitre précédent sur la fréquence
plus ou moins probable de ces donations entre époux.

DEUXIÈME PARTIE.

Donations entre époux pendant le mariage.

Nous venons de voir qu'avant le mariage et par le contrat, les futurs époux peuvent, dans l'état actuel de notre législation, se faire toutes sortes de libéralités, d'une façon irrévocable. Aucun danger n'était à craindre, en effet. Avant l'union, les sentiments qui attirent l'un vers l'autre chacun des futurs conjoints pourront bien les pousser à exagérer les donations, mais de là à conclure que chacun n'est pas libre, il y a évidemment un monde. Et puis, ces donations que l'on prétend exagérées sont, d'une part, soumises à certaines limites que la loi elle-même à pris soin de fixer et, d'autre part, pourront être un encouragement au mariage, peut-être même une raison déterminante. Or, une des préoccupations constantes du législateur français, comme de ceux qui l'ont précédé, a été de favoriser les unions.

Une fois le mariage célébré, la situation change. Ce dernier motif que nous venons de signaler disparaît. Sans doute, rien de plus légitime et de plus moral que de voir ceux qu'une existence commune réunit à jamais, se donner des gages de leur affection réciproque et cimenter ainsi le lien qui les unit; mais aussi l'exagération était à craindre. Il est rare que, dans une société, l'une des parties n'ait pas une situation prépondérante, et l'on ne voit que trop souvent ceux que leur fortune, leur intelligence ou tout autre motif élève ainsi, abuser de leur influence pour arracher à leur conjoint plus dévoué ou plus faible des libéralités excessives.

Les législateurs pouvaient donc se placer à deux points de vue bien différents. Ils pouvaient ne considérer que la qualité d'époux en elle-même et en tirer une cause de faveur.

Ils pouvaient aussi ne considérer que l'abus à craindre et voir dans la qualité d'époux un titre de défaveur.

L'un et l'autre de ces points de vue seraient également faux ou du moins insuffisants ; c'est dans leur réunion ou dans leur combinaison que se trouve la vérité et, sur ce point peut-être plus que sur tout autre, il aurait été curieux de rechercher les enseignements du passé.

Mais une pareille étude aurait demandé une digression trop considérable pour que nous ayons pu nous permettre de l'aborder. Nous nous contenterons de rappeler très sommairement les diverses étapes du Droit romain et la doctrine générale de nos coutumes.

Permises à Rome, de la façon la plus absolue, pendant longtemps. ces donations y furent ensuite interdites d'une manière non moins rigoureuse. Pendant les premiers siècles de l'existence de Rome, le mariage était en grand honneur et le divorce, permis par les lois, était repoussé par la morale publique. Tant que dura cet état de choses, les donations entre époux furent permises et sans danger. Mais du jour où le divorce se fut introduit et fut devenu d'un usage presque journalier, on dut craindre « que le mariage ne se passât en convoitises, en marchés, en menaces de se séparer ou en séparations consommées pour des prétentions non satisfaites. »

C'est vers le vi° siècle que, tombant du premier dans le second excès que nous signalions tout à l'heure, les Romains prohibèrent d'une façon absolue les donations entre époux pendant le mariage. Mais il advint alors que les époux se firent par testament ces libéralités qui leur étaient interdites de leur vivant. Antonin Caracalla eut l'honneur de trouver la juste conciliation de tous les droits et de toutes les garanties. Les donations entre époux pendant le mariage redevinrent licites, mais elles furent soumises à une ratification tacite qui devait durer tout le temps que vivrait le donateur.

En d'autres termes, les donations étaient soumises à la révocation.

Nous ne tarderons pas à voir que c'est avec le même caractère qu'elles sont admises dans notre Droit.

Le Droit romain, sur cette matière comme sur les autres, resta la règle de nos pays de Droit écrit.

En pays de coutume, au contraire, on peut dire d'une façon générale que ces donations étaient prohibées. Certaines coutumes cependant distinguaient entre les libéralités entre-vifs et les libéralités testamentaires, et presque toutes étaient d'accord pour autoriser les dons mutuels. C'est qu'ici, en dehors des raisons de décider dominantes de la matière, la législation coutumière obéissait à une de ses plus constantes préoccupations, celle de conserver les biens dans les familles.

Le Droit intermédiaire, « qui sur aucun point ne profita des enseignements du passé, » en revint au système de liberté absolue. C'est dans cet état que les rédacteurs de notre Code trouvèrent la question qui nous occupe. Sans vouloir empiéter sur les développements nécessaires que nous donnerons ci-après, empressons-nous de dire : que, suivant les traditions du Droit romain, ils permirent les donations entre époux en les soumettant à la révocabilité.

Un conjoint pourra donc donner à l'autre pendant le mariage, mais il sera libre aussi de révoquer cette donation.

Tels sont le caractère général et l'esprit de l'art. 1096. Cependant, avant d'entrer dans les détails, il importe de bien préciser le caractère de ces libéralités qui échappent à la règle la plus importante des donations ordinaires, l'irrévocabilité. Les donations entre époux faites pendant le mariage sont-elles des donations à cause de mort, des donations testamentaires, ou des donations entre-vifs ?

Et d'abord, ces libéralités ne sauraient être des donations à cause de mort, l'art. 893 déclare formellement que ce mode

de disposer n'existe plus sous notre Code, et la généralité de
ses termes embrasse toutes les libéralités possibles. Seraient-
elles des donations testamentaires? Mais cette hypothèse s'é-
vanouit en présence des art. 1096 et 1097 qui parlent à la
fois des donations entre-vifs et des donations testamentaires.
Il est vrai que dans l'art. 1096 les mots : « quoique qualifiées
entre-vifs » pourraient faire naître un doute ; mais, si l'on y
réfléchit un seul instant, on voit que ces termes n'ont eu pour
but que de maintenir intact le principe de révocabilité indépendamment de toute volonté, de toute déclaration contraire
de la part du donateur.

Puisque ces donations ne sont ni à cause de mort ni testamentaires, il était logique d'en conclure qu'elles constituaient
de véritables donations entre-vifs. Mais l'idée de donation
entre-vifs est tellement identifiée dans nos esprits modernes
avec l'idée d'irrévocabilité, que M. Troplong n'a pu se résoudre à voir dans le fait qui nous occupe une donation
entre-vifs, il a préféré soutenir que les libéralités entre
époux revêtaient un caractère mixte entre les donations ordinaires et les testaments; que l'on devrait appliquer distributivement les règles de l'une et de l'autre espèce. Partant
de ce point de vue, le savant auteur a recherché les conséquences de son principe au point de vue de la capacité, des
formes à suivre et des effets produits.

Nous ne le suivrons point dans cette voie, car son système
nous paraît avoir un tort capital, celui d'être arbitraire. Au
point de vue théorique. M. Troplong est, en effet, en opposition ici avec l'art. 893. Au point de vue pratique. Il est une
chose qu'il tranche à sa guise, mais que chacun après lui, d'a-
près son système, tranchera aussi comme il lui plaira : c'est
la combinaison des règles des donations et des testaments.
Où commenceront les unes, où finiront les autres et peut-on
considérer comme bonne une théorie qui laisse une pareille
latitude au commentaire? Du reste, personne ne s'est engagé
à la suite de M. Troplong dans cette voie périlleuse, et l'im-

mense majorité, dans la doctrine comme dans la jurisprudence, décide que, sauf la révocabilité et les conséquences
nécessaires qui en découlent, les libéralités entre époux sont
des donations entre-vifs. En effet, l'art. 1096 et l'art. 1098,
parlant à la fois de donations entre-vifs et de donations testamentaires, rangent implicitement les donations qui nous
occupent dans la première catégorie : et aucun doute ne peut
s'élever, car l'art. 1096 déclare qu'elles ne seront pas révoquées par survenance d'enfants, ce qui ne peut avoir trait évidemment qu'à des libéralités entre-vifs. Mais la difficulté et
les hésitations tiennent, comme nous l'avons dit, à une cause
tout extérieure. C'est qu'aujourd'hui nous considérons l'irrévocabilité comme de l'essence de la donation entre-vifs. Nous
en avons été amenés à ce point par l'ensemble des règles
de notre Code. Cependant, cette idée est trop absolue, et il
appartient à MM. Aubry et Rau d'avoir eu l'honneur de le
démontrer les premiers. Comme ils l'ont fort bien dit : en se
plaçant au-dessus des règles du Code Napoléon et en n'envi-
sageant la question qu'en théorie pure, on conçoit un contrat quelconque soumis à une condition potestative de la part
des deux parties ou de l'une d'elles. Sans doute, l'art. 1174
dispose qu'un tel contrat serait nul ; mais cette règle, fondée
uniquement sur des inconvénients de fait, laisse entière la
règle théorique pure. En d'autres termes, faisant abstraction
des règles qui existent, l'idée de contrat n'est pas inconciliable
avec l'idée de révocabi'ité. L'esprit conçoit, un engagement
réciproque qu'une seule des parties peut faire disparaître.
Et si un t'l contrat se conçoit c'est surtout lorsque c'est
d'une donation qu'il s'agit, car le donateur ne reçoit rien en
échange de sa libéralité. On voit par là que, dans un cas particulier, le législateur français a pu établir une donation qui,
sans cesser d'être une donation, devienne révocable. C'est ce
qui existe pour les libéralit's entre époux pendant le mariage.

Voulant établir davantage la stabilité de ces donations,

M. Demolombe remarque qu'elles constituent un contrat,
garanti, à défaut de sanction légale, par une sanction morale.
Qu'un testateur, dit-il, révoque son testament pour un caprice
ou pour une lubie, cela se comprend, car du moins il n'avait
pris aucun engagement envers celui qu'il avait fait son légataire, tandis que l'époux donateur s'est engagé d'honneur envers son conjoint, et il serait immoral qu'il rompit sans motif
sérieux le lien qu'il a ainsi créé. Le législateur le dispense
« d'exposer en justice le spectacle de ses douleurs conju-
gales, » elle l'autorise à révoquer, mais elle le fait juge de
son droit; « c'est pour lui une question de conscience et de
probité. »

C'est donc à tort, dit l'éminent auteur, que l'on présente
comme absolu ce droit de révocation.

Certes, ce système est fort exact et surtout fort moral,
mais il ne faudrait pas non plus en exagérer la portée pratique. Au siècle où nous sommes, un engagement d'honneur,
un droit sans sanction sont trop souvent lettre morte et
même beaucoup de donateurs n'auront pas la notion du
devoir qu'ils se sont créés.

Après tout, diront-ils, je ne lui devais rien. J'ai donné, je
reprends parce que cela me plait, et en cela je ne fais
qu'user de mon droit, voyez plutôt l'art. 1096. Et, en tenant
ce langage beaucoup seront de bonne foi, tant on s'est habitué
à prendre le droit strict pour règle de conduite à l'exclusion
du droit moral.

Je ne voudrais pas qu'on pût croire que, dans le paragraphe précédent, je fais la critique de l'art. 1096, je le trouve,
au contraire, profondément sage; ce que j'ai voulu seulement mettre en lumière, c'est l'erreur où pourrait conduire
le système de M. Demolombe, parfaitement vrai quand il est
présenté comme le présente cet auteur, mais qui a besoin
d'être manié avec beaucoup de tact et de prudence. Aujour-
d'hui donc, pendant le mariage, les époux peuvent se faire

des donations; mais ces donations seront toujours révocables. Nous avons déjà dit qu'il en était ainsi sous le Droit romain à sa dernière période. Toutefois, il existe entre les deux législations une différence qui mérite d'être signalée.

À Rome, la donation était valable, pourvu que le donateur fût mort sans la révoquer. Elle était donc soumise à une condition suspensive. Chez nous, elle est valable aussitôt faite, mais elle est révocable; il y a condition résolutoire. Après avoir établi le caractère des donations entre époux pendant le mariage, nous avons à rechercher tout d'abord quels sont les biens qui en peuvent faire l'objet. Aucun texte, dans le chapitre que nous avons à étudier, n'étend la capacité des époux à l'égard l'un de l'autre, une fois le mariage célébré. L'art. 1091 ne parle que des donations par contrat de mariage. Il semblerait donc que les époux ne pourront se faire de libéralités qu'en se soumettant aux règles du titre des donations entre-vifs. Cependant les conjoints profitent, pendant le mariage, des mêmes facilités qui leur étaient accordées pour les donations par contrat de mariage. Aucun doute ne s'est jamais élevé sur ce point. C'est qu'en dehors des textes que nous avons à étudier, un autre texte, l'art. 947, est formel. Visant les art. 943 et suivants, il déclare que les prohibitions relatives aux donations de biens à venir ou sans condition potestative ne sont pas applicables aux donations entre époux.

Les conjoints pourront donc se donner mutuellement des biens présents, des biens à venir, des biens présents et à venir, ou sous condition potestative. Du reste, la révocabilité, qui est essentielle aux donations entre époux, prévient tous les dangers de cette excessive liberté.

De ce que les donations entre époux pendant le mariage sont des donations entre-vifs, il est facile de déduire quelques conséquences relatives à la forme que devront revêtir ces libéralités. Elles devront être constatées par un acte notarié rédigé en minute (art. 931 et art. 2, loi du 21 juin 1843). De même, elles seront soumises à la condition d'une acceptation expresse (art 932). Si elles contiennent des biens susceptibles d'hypothèques, elles devront être transcrites (art. 939). Cette transcription sera utile vis-à-vis des créanciers antérieurs à la donation qui auraient négligé de prendre inscription ; elle serait sans effet, au contraire, vis-à-vis des créanciers ou acquéreurs postérieurs à la donation, car l'aliénation par le donateur équivaudrait dans ce dernier cas, à une révocation.

Il est bien évident que la transcription à sa date d'une donation de biens à venir serait inutile; mais que décider dans le cas d'une donation de biens présents et à venir ? Nous croyons, avec M. Demolombe, qu'une telle donation serait utilement transcrite pour les biens présents, car la donation elle-même peut, par l'option du donataire, se résoudre en une simple donation de biens présents.

Si, au lieu de contenir des droits immobiliers, la donation portait sur des meubles, il devrait y être annexé un état estimatif (art. 948). Nous répéterions, à propos de l'utilité de cet acte, ce que nous venons de dire à propos de la transcription.

On peut aussi se demander quel serait le sort d'une donation entre époux déguisée sous la forme d'un acte à titre onéreux, ou faite par personnes interposées. D'après la jurisprudence, une telle donation devrait être considérée comme nulle. Nous adoptons cette manière de voir en nous fondant sur le texte même de l'art. 1099, comme on pourra s'en convaincre en se reportant au commentaire que nous ferons plus loin de cet article.

Aucun texte, au contraire, ne prononçant la nullité d'une donation indirecte, elle serait tout simplement révocable conformément au principe de l'art 1096. La même solution doit être donnée en ce qui concerne les donations manuelles.

Aux termes de l'art. 1097, les conjoints ne peuvent se faire aucune donation mutuelle et réciproque par un seul et même acte. C'est là une dérogation à nos anciennes coutumes qui n'autorisaient entre les conjoints que des donations réciproques. Il avait semblé, disent nos anciens auteurs que cette condition même de réciprocité était une garantie contre la captation. Mais à quels singuliers errements n'en était-on pas arrivé lorsque l'on exigeait pour que la réciprocité fût exacte, non-seulement l'égalité dans le *quantum* de la donation, mais encore l'égalité de santé chez les contractants, voire même l'égalité d'âge dans certaines coutumes?

Du reste, dans la plupart des coutumes, la donation n'était valable qu'à condition que le donataire survécût au donateur sans que celui-ci laissât d'enfant. Mais ce ne sont pas encore là les plus graves inconvénients qu'aurait eus, sous notre Code, cette sorte de donation. Il est probable qu'une des libéralités a causé l'autre. Faudrait-il donc, pour révoquer l'acte, le concours de volonté des deux parties ? Mais, alors, que deviendra le droit de révocation de chacune d'elles? Chacun des donateurs pourra-t-il révoquer à son gré ? Mais, alors, n'y a-t-il pas à craindre la fraude et la violation de la foi promise!

Il était donc impossible de permettre ce genre de disposition et de le mettre en conformité avec la règle de révocabilité des donations entre époux. De là, l'art. 1097 qui ne fait que reproduire en cette matière la prohibition portée par l'art. 968 en matière de testaments. Cependant, il convient de remarquer avec M. Troplong que « l'art. 1097 n'ayant été « édicté que pour les donations, ne doit pas être étendu à « des actes dans lesquels domine le caractère d'acte de « commerce, d'opération sociale, d'affaire de communauté, « bien qu'il en résulte un avantage mutuel pour les époux. » (Trop., art. 1097, n° 2694.) Si nous recherchons quelle est la capacité requise des époux pour qu'ils puissent se faire une

donation ; ici encore cette capacité résulte de la nature
même de donation entre-vifs que nous avons reconnue aux
libéralités entre époux faites pendant le mariage. Ainsi, il
faudra et il suffira que les époux aient été capables au moment de la donation, et nous ne distinguerons pas à ce sujet
les donations de biens à venir des donations de biens présents.

Quelques difficultés ont été suscitées à propos de la capacité de l'époux mineur âgé de seize ans. On se souvient qu'entre seize et vingt et un ans, le mineur, incapable de faire
une donation, peut cependant faire un testament, et l'on s'est
demandé si ce mineur ne pourrait pas faire une donation à
son conjoint, cette donation étant révocable comme un
testament.

Les auteurs qui croient à la capacité du mineur insistent
sur ce caractère de révocabilité des donations entre époux
et font ressortir que c'est l'irrévocabilité seule des donations entre-vifs qui a fait édicter l'art. 903. Cependant,
nous croyons que le mineur est incapable, nous fondant sur le
texte même de l'art. 903, sur le caractère de donation entre-
vifs que revêtent les donations entre époux pendant le mariage et faisant remarquer en dernier lieu que la donation
entre époux, qui entraine un dessaisissement immédiat et
qui résulte d'un accord de volontés entre les parties est
moins facilement révocable que le testament, acte unilatéral
qui n'a encore produit aucun effet.

Nous n'insisterons pas davantage sur ce point, et nous
nous contenterons d'indiquer que les règles de capacité de
celui qui est muni d'un conseil judiciaire ou de la femme
mariée découlent de ce principe, que la donation entre
époux est une donation entre-vifs. C'est encore de ce principe fécond que nous devrons déduire les effets de ces
libéralités entre époux. Au jour du contrat, il y a dessaisissement du donateur et transport au donataire d'un droit de

propriété, si la donation est de biens présents; d'un droit de créance, si la donation est de biens à venir.

Mais à quelle date ces donations seront-elles réductibles? Pour la donation de biens présents, ce sera évidemment à sa date. Indiquons cependant qu'il y aurait révocation et non réduction, si le donateur avait disposé une seconde fois du même objet ou si, d'une façon quelconque et suffisamment claire, il avait indiqué son intention de révoquer.

Mais c'est sur la question de savoir à quelle date la donation de biens à venir entre époux sera réductible, que pourraient s'élever quelques difficultés. Nous croyons, avec M. Demolombe, que cette donation aussi sera réductible à sa date, en nous basant toujours sur le principe qui nous sert de fil conducteur dans tout ce chapitre. Nous repoussons donc le système mixte d'après lequel ces donations seraient réductibles après les legs et avant les donations entre-vifs.

Nous voici ainsi arrivé à la seule question qui puisse nous arrêter un moment. La donation entre époux pendant le mariage est-elle caduque par le prédécès du donataire?

Pendant longtemps, tous les auteurs avaient admis sans conteste la caducité, parce qu'à vrai dire, la question n'avait pas encore pris naissance; mais, MM. Zachariæ et Demolombe ayant adopté l'avis contraire, la lice s'est trouvée ouverte. Pendant ce temps, la jurisprudence avait consacré le principe de non caducité qu'elle n'a pas abandonné depuis. C'est seulement le 18 juin 1845 que la Cour suprême a eu à se prononcer dans la question. Jusqu'alors, en effet, il ne s'était présenté à elle que des donations consenties sous la législation transitoire. L'arrêt du 18 juin 1845, adoptant le principe de non caducité, est resté la base de toute la jurisprudence actuelle.

On a dit dans le sens de la caducité :

I° Les donations entre époux avant ou pendant le mariage étaient permises en Droit écrit, mais caduques par prédécès du donataire. Notre Code, qui a emprunté ces donations au Droit écrit, nous prévient, dans l'art. 1092, que les donations par contrat de mariage ne sont pas caduques par prédécès du donataire, d'où il est facile de conclure, par *à contrario*, que les donations faites pendant le mariage seront caduques.

II° Il serait assez singulier que les donations faites pendant le mariage, c'est-à-dire révocables, ne soient pas caduques par le prédécès du donataire, alors que nous voyons (art. 1093 *in fine*) les donations de biens à venir faites par contrat de mariage, qui sont irrévocables, devenir caduques par le prédécès du donataire.

III° Enfin, des art. 1086, 1089, 1093 combinés, il résulte que les donations sous condition potestative, c'est-à-dire révocables, sont caduques par prédécès, et les donations entre époux pendant le mariage sont révocables.

Tels sont les arguments que l'on invoque contre nous ; mais voici les réponses qui leur ont été faites.

Il faut distinguer entre les donations de biens présents et celles de biens à venir. Ces dernières sont caduques par le prédécès du donataire, car elles constituent en sa faveur un droit éventuel de succession qui exige, pour produire son effet, qu'il survive au donateur. Du reste, une telle donation serait caduque par prédécès du donataire, même si elle avait été faite par contrat de mariage. Quant aux donations de biens présents, elles restent entières malgré le prédécès du donataire. C'est en vain qu'on tirerait un argument en sens contraire des règles de notre ancien Droit écrit. Qu'importe ce qui a été pratiqué, jadis! Pourrait-on y voir sérieusement une limitation à la validité d'un acte que notre Code consacre par son silence?

5

« Une donation entre-vifs régulièrement faite et dûment acceptée forme un contrat qui ne peut être annulé ou révoqué que dans les cas et pour les causes que la loi autorise. »

Quant à l'argument *à contrario* que l'on prétend tirer de l'art. 1092, il n'est pas plus exact. Cet article nous apprend bien que les donations de biens présents faites par contrat de mariage entre époux ne sont pas caduques par le prédécès du donataire; mais c'est à tort que l'on en conclut que les donations de biens présents faites pendant le mariage entre époux sont soumises à la condition de survie.

L'à *contrario* de l'art. 1092 porte sur les mots : *de biens présents*, et non pas sur les mots : *faites par contrat de mariage*. Cet article veut donc dire que parmi les donations par contrat de mariage les unes, celles de biens présents, ne deviennent pas caduques, tandis que les autres, celles de biens à venir, deviennent caduques par le prédécès du donataire. L'art. 1092 n'a, du reste, qu'une importance historique que nous avons fait connaître.

C'est en vain que les partisans du système que nous combattons ont voulu faire marcher de pair et d'une façon inséparable la révocabilité et la caducité par prédécès du donataire. Ces deux idées sont habituellement connexes, mais non pas nécessairement. Nous en trouverons la preuve dans la comparaison des art. 1083 et 1093. Il en résulte d'une façon évidente que les donations de biens à venir faites entre époux par contrat de mariage sont caduques par prédécès du donataire et en même temps irrévocables.

Enfin, nous devons dire en dernier lieu que l'importance de la question relative à la caducité par prédécès est singulièrement réstreinte, si l'on songe que le donateur peut même, après le décès du donataire, user de son droit de révocation. Sans doute, il sera triste de voir « l'époux donateur jeter comme un outrage à la mémoire de son époux cette tardive révocation de son bienfait; » mais il est impossible de lui dénier ce droit en présence des termes formels de l'art 1096.

Nous n'avons plus, pour terminer le chapitre des donations entre époux pendant le mariage, qu'à déterminer d'une façon précise la révocabilité de ces donations. Les donations entre-vifs ordinaires ne sont révocables que pour trois causes :

Survenance d'enfants;

Inexécution des charges ;

Ingratitude du donataire.

Il est bien évident, tout d'abord, que la première de ces causes, la survenance d'enfants, ne peut être dans la matière qui nous occupe une cause de révocation. La raison d'être des art. 960 et suivants manque ici complètement et l'art. 1096 prend soin de nous dire que les donations qui nous occupent ne sont pas révocables pour cause de survenance d'enfants.

En ce qui concerne la révocation pour inexécution des charges ou pour ingratitude, on a pu se demander tout d'abord, comment ces causes de révocation pouvaient être utiles ici où les époux sont libres de révoquer par leur seule volonté et sans avoir à donner aucun motif. Mais, pour renverser cette objection qui n'est qu'apparente, il suffit de remarquer que le droit de révocation absolu de l'art. 1096 n'est accordé qu'à l'époux donateur et non pas à ses héritiers. Dès lors, ceux-ci, si on leur refuse le droit de révocation des art. 953 et suivants, se trouveront désarmés en présence d'un donataire indigne. Il pourrait même se faire que le donataire meurtrier de son bienfaiteur continuât après ce crime de jouir des bienfaits de sa victime. Un tel exposé suffit pour faire comprendre l'utilité de la révocation pour inexécution des charges ou pour ingratitude. D'ailleurs, l'art. 1096, qui écarte la révocation pour survenance d'enfants, laisse subsister ces deux causes de révocation, que nous admettrons avec la doctrine tout entière.

Après avoir ainsi écarté les questions secondaires touchant à la révocabilité, nous allons examiner comment s'exerce le droit de révocation le plus habituel, celui qui est accordé à l'époux donateur par l'art. 1096.

Rien de plus vague que les termes de cet article. Il nous apprend que les donations entre époux pendant le mariage sont essentiellement révocables, mais sans entrer dans aucun détail sur la façon dont s'exercera ce droit de révocation. Aussi, la plus complète divergence a-t-elle séparé sur ce point les commentateurs. Cependant, s'il est permis de faire l'historique de cette question, voici surtout ce qui nous a frappés:

Se fondant sur le silence même du texte, les premiers auteurs qui ont eu à examiner la question ont accordé au donateur le droit de révocation le plus absolu. C'était vraiment d'un signe qu'on faisait disparaître une donation entre époux. Ainsi, pour ne citer qu'un exemple, il suffisait que par des libéralités postérieures le donateur eût attaqué la quotité disponible ou qu'il eût contracté des dettes considéra-bles pour qu'on vit dans ce fait une révocation tacite.

Peu à peu, cependant, une réaction se fit, et c'est à M. Demolombe qu'appartient l'honneur d'en avoir été le champion le plus remarquable. Parti de ce principe que la donation entre époux est un contrat qui contient tout au moins un engagement d'honneur et qui, par conséquent, doit être moins facilement révocable qu'un simple legs, œuvre d'une seule volonté, l'éminent doyen de la Faculté de Caen a tendu plutôt à restreindre qu'à augmenter le droit de révocation du donateur.

Cependant, il admet, comme cela est nécessaire en présence de l'art. 1096, que la révocation pourra être expresse ou tacite. Si elle est expresse et qu'elle soit faite par acte notarié, cet acte devra être passé en présence d'un notaire et de deux témoins ou de deux notaires (loi du 21 juin 1843 art. 2).

Mais cette révocation pourra être faite par acte sous-seing privé. Ici, nous avons à nous demander quelle sera la forme de cet acte. Appliquera-t-on l'art. 1035 qui exige pour révoquer un testament un autre acte dans la forme d'un testament ? Malgré l'autorité des auteurs qui soutiennent qu'un tel acte est nécessaire pour révoquer une donation entre époux, nous ne pouvons admettre cette solution, il nous semble que, du moment où la révocation pourrait être tacite, on ne peut demander à l'acte qui la constate quand elle est expresse qu'une seule chose, c'est de contenir une volonté claire et manifeste. En dehors d'un texte spécial, il est impossible d'exiger une forme quelconque. Si la révocation est tacite, il faudra aussi que l'acte dont elle résulte indique une volonté claire et arrêtée.

Ainsi, la révocation résulterait pour nous d'une nouvelle aliénation faite par le donateur de la chose donnée, ou d'un testament attribuant à une autre personne le même objet, sans que, dans aucun cas, à moins de circonstances spéciales, le legs d'une somme d'argent puisse être considéré comme révoquant la donation d'une somme d'argent.

Mais nous ne saurions voir dans la constitution d'une hypothèque sur la chose donnée une révocation tacite. Celui qui hypothèque n'a pas l'intention d'aliéner. C'est forcé par les circonstances et espérant s'acquitter vis-à-vis de son créancier qu'il lui constitue un tel droit. Nous ne considérerons donc pas l'hypothèque sur la chose donnée comme une révocation, seulement le donataire ne recevra la chose que grevée, à moins que le donateur n'ait imposé à son héritier la charge de la dégrever.

De même la révocation tacite ne résulterait pas de dettes

contractées par le donateur postérieurement à la donation. Les créanciers n'ont pas dû compter sur la chose donnée qui était sortie de leur gage par le fait de la donation, antérieurement à la date de leur créance.

Du reste, nous ne pouvons qu'indiquer ici quelques exemples; dans chaque cas particulier, c'est aux tribunaux qu'il appartiendra de décider s'il y a eu ou non révocation tacite.

Pour savoir quels sont les effets de la révocation vis-à-vis des ayant cause du donataire, nous nous contenterons de rappeler la maxime : *Resoluto jure dantis resolvitur jus accipientis*. La chose rentrera donc aux mains du donateur libre de toutes les charges constituées par le donataire. Les ayant cause du donataire n'auront pas à se plaindre, c'était à eux de rechercher à quel titre et dans quelles conditions leur auteur possédait la chose.

Indiquons enfin, pour terminer, que le droit de révocation est personnel au donateur et ne peut être exercé par ses créanciers. A ceux-ci, il reste la ressource de l'action Paulienne.

Enfin, l'art. 1096 nous apprend que la femme peut révoquer sans le consentement du mari ; il n'est pas utile d'insister sur ce point, garantie nécessaire du droit de révocation de la femme.

TROISIÈME PARTIE.

Quotité disponible entre époux.

Nous abordons à présent la seconde partie de cette étude, et, après avoir établi les règles qui gouvernent la matière des donations entre époux, nous allons avoir à rechercher, quelle est la quotité de biens qui peut faire l'objet de ces libéralités. De même que nous avons vu les législateurs proscrire et favoriser tour à tour les dons entre époux, nous pourrions, à présent, étudier les diverses phases par lesquelles est passée la quotité disponible entre époux ; mais cet historique nous obligerait à des redites inévitables et à des longueurs inutiles. L'histoire de la quotité disponible entre époux est, en effet, la même que celle des donations entre époux, et cela ne peut nous étonner, étant donné le lien d'étroite connexité qui unit ces deux matières ; il vaudra mieux commencer immédiatement l'examen des matières qui doivent nous occuper.

Puisqu'il y a quotité disponible, il est question d'une masse de biens qui ne saurait être déterminée qu'au décès du donateur ; c'est là la règle générale en matière de réserve et de quotité disponible. De même, cette masse de biens ne variera pas selon que le donateur aura disposé par acte entre-vifs ou par acte testamentaire. Cependant, cette seconde règle que nous venons d'énoncer souffre en Droit commun une exception que nous retrouvons ici ; je veux parler du mineur.

Nous avons vu plus haut qu'en vertu de l'art. 1095, le mineur assisté de qui de droit est pleinement capable pour faire toutes donations à son conjoint par contrat de mariage. Mais, une fois le mariage contracté, il rentre dans le Droit commun. S'il est mineur de seize ans, son incapacité de disposer à titre gratuit est complète. Si, au contraire, il est majeur de seize ans, il reste incapable de faire une donation ; mais il peut disposer par testament de la moitié des biens qu'il pourrait léguer s'il était majeur. Nous verrons plus loin une application curieuse de ces règles.

Après avoir rappelé ces principes généraux, nous entrons dans l'étude de la matière spéciale de la quotité disponible entre époux. Cette quotité varie suivant qu'il y a ou non des enfants de l'un des époux issus d'un précédent mariage.

Nous adopterons donc les deux grandes divisions suivantes :

1° Il n'y a pas d'enfant d'un précédent lit ;

2° Il y a des enfants d'un précédent lit.

I. — *Il n'y a pas d'enfant d'un précédent lit.*

Cette première hypothèse peut elle-même se subdiviser en trois autres :

1° Le donateur n'a pas laissé d'héritiers réservataires ;

2° Le donateur n'a laissé que des ascendants ;

3° Le donateur a laissé des descendants.

Nous allons les examiner successivement :

I. — *Le donateur n'a pas laissé d'héritiers réservataires.*

Si le donateur ne laisse pas d'héritiers réservataires, l'art. 1094 est muet, aucune limite ne lui est imposée, et il a pu disposer de tout son patrimoine au profit d'un conjoint comme au profit d'un tiers.

Cette extrême liberté n'est pas toujours sans inconvénients, et l'on verra souvent des parents assez proches dépouillés au profit du conjoint. Le donateur peut remédier à ce danger en faisant sa donation en usufruit seulement ; c'est ainsi qu'il évitera que les biens sortent de sa famille.

II. — *L'époux donateur n'a laissé que des ascendants.*

Le premier paragraphe de l'art. 1094 a prévu ce cas; la quotité disponible d'après ce texte se compose du disponible ordinaire et, en outre, de l'usufruit de la réserve des ascendants.

Cette règle a été en butte aux critiques presqu'unanimes des auteurs. Pourquoi, a-t-on dit, attribuer la nue propriété à des vieillards et l'usufruit à des personnes plus jeunes d'une génération ? N'est-ce pas vouloir priver les ascendants de leur réserve? Qu'on ne prétende pas qu'on conserve ainsi les biens dans la famille; la réserve est établie dans l'intérêt de la personne des ascendants plutôt que pour conserver les biens dans les familles. Que si on objecte que les ascendants n'ont pu s'attendre à voir prédécéder leur enfant, on pourra répondre qu'un pareil raisonnement est absolument contraire non pas à la disposition qui nous occupe, mais à la théorie de la réserve des ascendants. Qu'on la supprime donc, si on croit devoir le faire ; mais, si on la maintient, qu'on la maintienne sérieuse et efficace. Notez enfin, en dernier lieu, que les ascendants qu'on prive de la réserve en auraient d'autant plus besoin que leur créance d'aliments est éteinte.

Ces critiques étaient justes et c'est en vain que M. Troplong a voulu disculper le législateur du reproche d'inconséquence D'argument en argument, cet auteur en arrive à soutenir que « l'ascendant aura toujours la ressource de « pouvoir vendre la nue propriété de l'objet réservé. » Faible raison de décider, comme le prouve M. Demolombe ; car, que vaudra cette nue propriété quand l'usufruitier est le plus souvent dans toute sa force? Et puis, cette extrême res-

source, ne pouvait-on la laisser au conjoint plutôt qu'aux ascendants hors d'état par leur âge de suffire à leurs besoins?

C'est sans doute la singularité de cette disposition et le
désir d'y échapper qui influençaient la Cour d'Agen lorsqu'elle jugea, en 1827, qu'il fallait une disposition formelle
pour attribuer l'usufruit de la réserve des ascendants au
conjoint et qu'un legs universel fait à celui-ci ne suffisait pas.
Aujourd'hui, ces velléités d'échapper à la loi ont complètement disparu, et l'on a reconnu que le texte était formel
et qu'il fallait s'y soumettre. Du reste, les tribunaux ont plein
pouvoir pour rechercher la volonté du testateur, et leur appréciation à ce sujet ne peut donner ouverture à Cassation.

Relevons en passant une expression inexacte dans cet
art. 1094. Il y est dit que lorsqu'il n'existe pas d'enfants,
la quotité disponible atteint une partie de l'usufruit de la
réserve *des héritiers*. Sans doute, il eût mieux valu dire de
la réserve *des ascendants*, puisque les ascendants sont, après
les enfants, les seuls héritiers réservataires ; mais cette
inexactitude s'explique historiquement. Le projet du Code
attribuait aux frères et sœurs, oncles et neveux, une réserve
qui n'a pas subsisté.

Pour en finir avec l'étude de ce premier paragraphe de
l'art. 1094, nous devons rapporter ici une espèce assez
curieuse qui s'est produite en 1841 devant la Cour de Toulouse. Une jeune femme de dix-sept ans avait légué à son mari
l'universalité de ses biens, puis elle était morte encore mineure ne laissant que son père et des frères et sœurs. Si la
femme avait testé majeure, le mari aurait eu droit aux
trois quarts de la succession en propriété et à un quart en
usufruit. Mais la testatrice étant mineure, le tout devait être
réduit de moitié, l'ascendant et les frères et sœurs se divi-
sant le reste. Le mari avait-il droit à l'usufruit de la part
des frères et sœurs ou seulement à l'usufruit de la part des

ascendants? La Cour de Toulouse a jugé en suivant la lettre de la loi qui n'attribue au conjoint que « l'usufruit de la réserve des héritiers. » Or les ascendants seuls ont une réserve ; le conjoint aura donc l'usufruit de la part des ascendants et non pas de celle des collatéraux qui ne sont pas héritiers réservataires.

Cette solution, fondée sur le texte, pourra être critiquée en théorie pure en s'inspirant de la pensée de la loi. Car le législateur a voulu évidemment que le conjoint ait au moins l'usufruit de tous les biens qui ne seraient pas attribués aux enfants. Il a formulé la loi en se fondant sur ce qui arrive le plus souvent. Mais tout cela ne saurait prévaloir sur un texte formel.

III.   *Le donateur laisse des enfants ou ascendants.*

C'est le cas du second paragraphe de l'art. 1094, que nous citerons ici comme étant le plus important et de beaucoup le plus difficile de toute la matière. « Et, pour le cas où le « donateur laisserait des enfants ou descendants, il pourra « donner à l'autre époux un quart en propriété et un autre « quart en usufruit, ou la moitié en usufruit seulement. »

Ce qui saute aux yeux tout d'abord, à la lecture de ce texte, c'est la fixité de cette quotité disponible. Tandis que le disponible ordinaire varie avec la qualité et le nombre des héritiers réservataires, le disponible entre époux varie selon leur qualité, mais reste invariable quel que soit leur nombre. Nous aurons occasion de voir dans l'examen du système de M. Benech la cause de cette anomalie apparente ; mais nous pouvons en signaler dès à présent un des résultats. Les deux disponibles s'appliquant de front et l'un d'eux variant, tandis que l'autre reste fixe, il peut arriver et il arrive effectivement que tantôt l'un et tantôt l'autre est le plus fort. Ainsi la quotité disponible ordinaire est plus forte quand il n'y a qu'un seul enfant. Elle est plus faible lorsqu'il y en a trois. S'il y en a deux, on ne saurait déterminer *à priori* une relation certaine entre les deux disponibles ; car, pour savoir ce qui vaut le plus d'un tiers en propriété ou d'un quart en propriété et d'un autre quart en usufruit, tout dépend de la valeur que l'on attribue à l'usufruit. Admet-on qu'il vaut la moitié de la propriété, le disponible de l'art. 1094 l'emporte d'un douzième. Si l'usufruit vaut un tiers de la propriété, les deux disponibles sont égaux. S'il vaut moins, la quotité disponible ordinaire est la plus forte.

La formule de l'art. 1094, § 2, a eu à essuyer de nombreuses critiques. D'abord, on a voulu soutenir que le quart en propriété dont il y est question était un quart en nue propriété et non pas un quart en pleine propriété. Mais on a bientôt renoncé à cette explication singulière et on a critiqué la dualité des disponibles. Pourquoi, a-t-on dit, après avoir permis de donner un quart en propriété et un quart en usufruit, avoir ajouté : ou une moitié en usufruit seulement ; n'est-il pas évident que celui qui peut donner la première quotité peut donner la seconde en vertu du principe : Qui peut le plus, peut le moins ?

Ces critiques n'indiquaient pas une très grande étude de la loi et personne aujourd'hui ne songerait plus à les soulever. Rien de plus logique, en effet, que cette dualité de dispositions. Après avoir fixé par les art. 913 et 915 la quotité disponible ordinaire en propriété, le législateur écrit l'art. 917 qui a pour but de limiter les libéralités d'usufruit tout en évitant les évaluations. De même, après avoir fixé le disponible entre époux à un quart en propriété plus un quart en usufruit, il veut limiter les dons en usufruit et il déclare qu'en aucun cas ils ne pourront excéder la jouissance de la moitié.

Si la loi n'avait pas fixé cette seconde quotité, les donateurs n'auraient pas manqué de faire le raisonnement suivant ou quelqu'autre analogue : Je puis donner un quart en propriété et un quart en usufruit ; par conséquent, si je ne donne que de l'usufruit je puis disposer des trois quarts. La double disposition de l'art. 1094 a coupé court à toute une série de procès.

Mais, précisément parce que le législateur a pris soin de fixer un disponible spécial en usufruit, l'art. 917 ne peut être appliqué à la matière des donations entre époux. Que deviendrait autrement la double disposition de l'art. 1094 ? Supposons un instant que l'art. 917 puisse s'appliquer. Titius a donné à Titia trois quarts en usufruit ; les enfants de Titius demandent la réduction. Titia répondra : réduisez-moi, vous en avez le droit ; mais, du moins, accordez-moi la quotité disponible la plus forte que je puisse recueillir, c'est-à-dire un quart en propriété et un quart en usufruit. On ne pourrait rien objecter à ce raisonnement, et alors on déciderait manifestement contre l'intention du donateur qui, en disposant de l'usufruit seulement, avait voulu conserver la propriété de ses biens dans sa famille.

Ainsi, donc, l'art. 917 ne s'appliquera pas aux donations entre époux ayant pour objet de l'usufruit. En sera-t-il de même lorsque la donation sera faite en rente viagère ?

Plusieurs systèmes ont été proposés.

Premier système. — On appliquera l'art. 917. Les partisans de ce système font remarquer que ce cas n'est pas prévu par l'art 1094. Dès lors, on retombe dans le Droit commun. Quant à argumenter des termes de l'art. 1094 sur l'usufruit pour les appliquer à la rente viagère, il n'y faut pas songer, disent-ils ; les deux donations ne sont pas également onéreuses. Le crédit rentier est débiteur d'une somme annuelle fixe et invariable ; l'usufrutier, au contraire, supporte les cas fortuits qui font diminuer le revenu et il est soumis aux charges usufructuaires. On ne saurait donc assimiler les deux cas.

DEUXIÈME SYSTÈME. — Dans un second système, on raisonne comme il suit : Le donateur a légué plus qu'il ne pouvait, il a donc voulu donner tout ce qu'il pouvait. Dès lors, on doit réduire la donation jusqu'à concurrence d'un quart en propriété et d'un autre quart en usufruit. Mais, d'autre part, en n'aliénant qu'une rente viagère, il a manifesté clairement l'intention de conserver ses biens à sa famille. On devra donc réduire la donation jusqu'à concurrence d'un quart en propriété et d'un quart en usufruit, mais en lui conservant son caractère viager.

TROISIÈME SYSTÈME. — Quoique soutenu par l'autorité du nom de M. Troplong, le système précédent n'a pu trouver grâce devant M. Demolombe. C'est qu'il ouvre la porte aux expertises et aux évaluations d'usufruit que le législateur cherche toujours à éviter. Mieux vaut appliquer à la rente viagère ce que l'art. 1094 décide pour l'usufruit, c'est-à-dire la réduire à la moitié des revenus.

Le législateur n'a pas fait en matière de donations viagères les distinctions que nous avons indiquées tout à l'heure ; il a séparé les libéralités en deux grandes catégories : les unes qui ont un caractère de perpétuité, les autres qui ont un caractère viager. Que si, dans l'art. 1094, il n'a parlé que des dons en usufruit, c'est qu'il a statué *de eo quod plerumque fit* ; mais, dans aucun cas, il n'a voulu que le conjoint reçût plus de la moitié des revenus du donateur. Ce système a pour lui des antécédents juridiques ; il était consacré par la loi du 17 nivôse, an II. Qu'on ne dise pas qu'il faut au moins laisser au donataire l'avantage de la quotité disponible la plus élevée. Il ne s'agit pas de savoir si un disponible est plus élevé que l'autre, l'un est fait pour les donations en propriété, l'autre pour les donations viagères, et chacun s'applique dans sa sphère.

Ce système de M. Demolombe respecte à la fois la volonté

du donateur, qui disposait en usufruit, et celle du législateur, qui limitait les dons en viager à la moitié des revenus.

La quotité disponible entre époux, nous l'avons déjà dit, ne varie pas suivant que la disposition a eu lieu par acte entre-vifs ou par acte testamentaire. D'un autre côté, nous sommes loin du formalisme romain, et peu importent les termes dont s'est servi le donateur. Cependant, la formule employée peut parfois susciter des difficultés. Par exemple, dans le cas où le donateur déclare donner « un quart en propriété et un autre quart en usufruit ou la moitié en usufruit seulement » ; en d'autres termes, dans le cas où le donateur a reproduit l'alternative de la loi.

La plupart des interprètes décident que les tribunaux devront rechercher la volonté du disposant et que, dans le doute, le choix appartiendra aux enfants héritiers, car ils sont débiteurs d'une dette alternative.

Enfin, il nous reste, avant d'aborder les grandes discussions qui sont nées de l'art. 1094, à voir une question qui, elle aussi, est soumise à controverse.

L'époux donateur d'usufruit peut-il dispenser son conjoint donataire de fournir caution ? Certains auteurs et entre autres MM. Marcadé et Demolombe, après avoir constaté que l'art. 601 est contraire à leur décision, n'hésitent cependant pas à soutenir que le conjoint donateur n'a pas ce pouvoir. Quelle serait, disent-ils, la garantie des enfants nupropriétaires de meubles dont le conjoint donataire à l'usufruit. Cette dispense ne saurait être accordée qu'au conjoint donataire qui serait en même temps le père de l'enfant mineur de dix-huit ans, héritier réservataire.

Pour notre part, nous avouons que ces arguments nous touchent assez peu, et nous nous rangeons volontiers à l'opinion contraire soutenue par MM. Troplong, Aubry et Rau.

L'art. 601 déclare formellement que tout usufruitier est tenu de donner caution, à moins qu'il n'en ait été dispensé par

l'acte constitutif de son droit. Voilà d'abord un texte formel.
A un autre point de vue, c'est à tort que l'on craint que
cette dispense ne soit un moyen détourné d'aliéner la
réserve. On ne saurait voir, *à priori*, dans un père ou une
mère, le dissipateur de l'héritage de ses enfants. Tels ne sont
pas les sentiments de la loi quand elle dispense le père de
fournir caution pour l'usufruit légal de son enfant. Et, cependant, dans l'espèce qui nous occupe, outre la garantie que
donne le titre sacré de père, garantie dont s'est contenté le
législateur, vous avez l'affirmation solennelle du conjoint
donateur, qui vient, en dispensant le donataire de fournir
caution, déclarer qu'il a toute confiance en lui et, remarquez-
le bien, ce conjoint donateur est aussi le père des enfants
héritiers réservataires. Vous présupposeriez donc une conni-
vence criminelle entre le père et la mère pour dépouiller
leurs enfants. Cela est-il possible ? Enfin, les héritiers réservataires auront toujours la ressource de l'art. 618.

Nous en aurions fini avec l'art. 1094, s'il ne nous restait à
examiner les deux plus graves questions auxquelles cet
article ait donné naissance. Je veux parler du système de
M. Benech et de la combinaison des art. 913 et 915 du Code
civil avec l'art. 1094.

Système de M. Benech.

L'art. 1094 fixe une quotité disponible entre époux, et son
second paragraphe est conçu en ces termes : « Pour le cas
« où l'époux donateur laisserait des enfants ou descendants,
« il pourra donner à l'autre époux un quart en propriété et
« un autre quart en usufruit, ou la moitié de tous ses biens
« en usufruit seulement. » Rien de plus simple, à prime
abord, que le sens de cet article : L'époux donateur qui a

des enfants ne peut attribuer à son conjoint qu'un quart de sa succession en propriété et un autre quart en usufruit, ou bien la moitié en usufruit, et il aura le choix entre ces deux quotités. Dès lors, la quotité disponible entre époux semble établie d'une façon invariable et indépendante du nombre des enfants.

Telle était, en effet, la solution universellement admise, et l'on citait, comme une curiosité, un arrêt de la Cour de Nîmes, devant laquelle on avait osé contester une théorie aussi évidente, lorsqu'en 1841, M. Benech, professeur à la Faculté de droit de Toulouse, fit paraître un ouvrage sur la quotité disponible entre époux.

Ce livre, remarquable à plus d'un point de vue, produisit une profonde sensation dans le monde juridique. Ce n'était rien moins qu'une critique très serrée de la jurisprudence de la Cour de cassation, si bien que chacun se demanda si cette jurisprudence était fondée, ou si, comme le prétendait M. Benech, il fallait y renoncer au plus vite, pour admettre la solution opposée.

Dans la doctrine, deux camps se formèrent : MM. Valette, Zachariæ, Aubry et Rau, Massé et Vergé se rangèrent sous le drapeau de M. Benech ; Marcadé défendait avec énergie la théorie ancienne.

Mais, malgré ces influences diverses, la jurisprudence ne varia pas. Les Cours de Riom et de Montpellier, en 1842 et 1843; la Cour de cassation, en 1844, résistèrent aux arguments de M. Benech. Depuis lors, la jurisprudence s'est maintenue, et même, dans la doctrine, le système de M. Benech perd chaque jour du terrain. Après M. Marcadé, M. Troplong, puis MM. Demolombe et Laurent, semblent lui avoir donné le coup de grâce.

Nous avions donc hésité à le reproduire ; mais, après réflexion, quoique son jour soit passé, nous avons cru qu'il pourrait y avoir de l'intérêt, au point de vue historique et purement spéculatif, à lui consacrer quelques pages.

M. Benech n'admet pas que la quotité disponible entre époux soit réglée complètement par l'art. 1094. L'application de ce texte, à l'exclusion de tout autre, offre d'après lui, de graves inconvénients, et il est assez ridicule de voir le conjoint traité tantôt mieux et tantôt plus mal qu'un étranger. Ne vaut-il pas mieux admettre que l'art. 1094 est simplement extensif du disponible au profit du conjoint, de telle sorte que celui-ci pourra invoquer, s'il y a avantage, les règles sur la quotité disponible ordinaire ; en d'autres termes, le conjoint pourrait recevoir soit la quotité disponible ordinaire, soit celle de l'art. 1094, suivant que l'une ou l'autre est plus élevée.

M. Benech invoque des arguments de natures diverses. Il en appelle d'abord à la raison ou, comme il le dit fort bien, à la philosophie du droit ; puis il produit un argument de texte; enfin, il développe un argument historique tiré des travaux préparatoires du Code. Nous allons exposer successivement toute cette argumentation, et ce n'est qu'ensuite que nous la discuterons.

Toutes les fois qu'un législateur quelconque a eu à s'occuper des donations entre époux, il a considéré cette qualité d'époux, soit comme un titre de faveur, soit comme un titre de défaveur. Nous avons vu comment, dans Rome ancienne, on interdisait absolument ces donations, tant la captation semblait difficile à éviter en cette matière. Peu à peu, le Droit se fait moins rigoureux ; on cherche des tempéraments, des garanties contre l'abus ; mais, en réalité, une réaction considérable s'opère, et le titre d'époux devient une cause de faveur. C'est ainsi que les législations modernes élèvent la quotité disponible au profit du conjoint.

Il est donc facile de comprendre que les législateurs aient pris le titre de conjoint, tantôt comme une cause de faveur, tantôt comme une cause de défaveur, suivant qu'ils ont envisagé l'abus à craindre ou seulement la qualité d'époux en elle-même. Mais, ce qu'on ne saurait admettre, c'est que l'époux soit traité tantôt mieux et tantôt plus mal qu'un tiers par le même législateur, dans le même ordre de faits. Et, cependant, c'est là ce qui résulte de l'application aux donations entre époux de l'art. 1094, à l'exclusion des règles de droit commun. En effet, s'il y a trois enfants en concours avec le conjoint, celui-ci recevra un quart en propriété, plus un quart en usufruit, c'est-à-dire un quart en usufruit de plus que ce que pourrait recevoir un tiers. Si, au contraire, le conjoint a devant lui un enfant seulement, il ne pourra jamais recevoir qu'un quart en propriété, plus un quart en usufruit, tandis qu'un tiers aurait pu être gratifié d'une moitié.

Nous avons donc raison de dire que le conjoint recevra tantôt plus et tantôt moins qu'un étranger. Et ce résultat, si bizarre en lui-même, paraît l'être bien davantage si nous remarquons que la quotité disponible entre époux, supérieure à la quotité disponible ordinaire dans tous les cas, lui est inférieure uniquement dans le cas où il n'y a qu'un seul enfant, c'est-à-dire justement lorsqu'on aurait pu faire la part plus belle au conjoint sans nuire à l'enfant.

Cinq ou six enfants devront se contenter de deux quarts en propriété et d'un quart en nue propriété à partager entre eux, tandis qu'à l'enfant unique, il faudrait exactement la même quotité ! Cela est-il rationnel ?

M. Benech ne le croit pas, le législateur n'a pu être, à ce point, inconséquent avec lui-même. L'erreur doit être imputée tout entière aux interprètes, et on en trouve la preuve dans le texte de l'art. 1094. Cet article ne dit pas : l'époux donateur *ne pourra donner que*, mais : l'époux donateur *pourra donner* ; la formule dont il se sert est affirmative et permissive et non pas négative et prohibitive. C'est là un détail, si l'on veut, mais un détail à noter, si l'on considère qu'en Droit, les prohibitions se sont faites de tout temps par formules négatives. On peut consulter, à cet égard, pour la matière qui nous occupe, la loi *Hâc Edictali*, la coutume de Paris, les art. 913, 915 et 1098.

Enfin, l'opinion de M. Benech explique historiquement l'erreur dans laquelle sont tombés les premiers commentateurs et les premiers juges.

Dans le rapport Jacqueminot, qui n'était autre chose que le projet qui, modifié, est devenu le Code actuel, la quotité disponible ordinaire n'était pas réglée comme elle l'est aujourd'hui. Elle ne variait pas avec le nombre des héritiers réservataires, mais seulement d'après leur qualité. Elle était :

1° D'un quart, s'il y avait des descendants et quel qu'en fût le nombre ;

2° De moitié, s'il y avait des ascendants, des frères ou sœurs ou descendants d'eux;

3° Des trois quarts, s'il y avait des oncles, grands-oncles ou cousins germains.

De la comparaison de cette quotité disponible avec celle de l'art. 1094, qui n'a point changé, il résulte que, d'après le projet du Code, la quotité disponible entre époux était calquée sur la quotité disponible ordinaire et qu'en tous cas, le conjoint pouvait recevoir le disponible ordinaire augmenté d'une certaine quantité d'usufruit.

Le législateur français voyait donc dans la qualité d'époux un titre de faveur et l'art. 1094 avait pour but d'améliorer la situation de l'époux comparativement à celle des tiers. Est-il raisonnable de prétendre que ce même législateur ne voulait pas faire profiter l'époux des améliorations qu'il pourrait apporter plus tard à la situation des tiers beaucoup moins favorables que l'époux. Or, c'est précisément ce qui est arrivé. La quotité disponible ordinaire a été élevée et, par conséquent, nous devons admettre que l'époux profitera de ce changement ; que, si on n'a pas modifié l'art. 1094 en même temps que l'art. 913, cela tient sans doute à un oubli du législateur.

Tels sont les principaux arguments sur lesquels reposait le système de M. Benech. Il y en avait bien encore un autre tiré des travaux préparatoires, mais nous ne nous engagerons pas dans cette discussion. Le système que nous venons d'exposer semble avoir perdu tout prestige et, comme nous l'avons dit, non-seulement personne n'oserait aujourd'hui le produire en justice, mais encore la doctrine elle-même l'abandonne. Cependant, il pouvait être intéressant de voir les principaux arguments sur lesquels il était basé. Cette étude, au point de vue historique et philosophique, pouvait offrir un certain attrait. Il serait fastidieux, au contraire, de se lancer dans une discussion à la fois aride et qui ne peut aboutir à rien. Nous nous contenterons seulement, à propos de cet argument tiré des travaux préparatoires, de rapporter quelques lignes de M. Bayle - Mouillard, écrites précisément pour la question qui nous occupe : « Ne serait-il pas infiniment dangereux, dit cet auteur « dans ses notes sur Grenier, de faire fléchir la lettre « de la loi devant des considérations plus ou moins « puissantes tirées des incidents de la discussion prépara- « toire? Une loi réside dans son texte impératif et nullement « dans les phases mobiles de son élaboration. Où en seraient « les citoyens et les jurisconsultes eux-mêmes, si chacun « pouvait dégager des archives législatives un nouveau sys- « tème devant lequel il faudrait sacrifier tout ce qu'on a « compris et pratiqué jusqu'alors ? »

Après en avoir fini avec l'exposé du système de M. Benech, nous devons à présent le discuter. Pour cela, la marche sera fort simple; nous reprendrons un à un les arguments dans l'ordre où nous venons de les exposer.

Le premier argument tiré de la philosophie du Droit est, en réalité, le plus sérieux, et cependant il ne saurait résister à un examen approfondi. M. Benech prétend que l'art. 1094 est écrit dans le but de favoriser le conjoint plus qu'un étranger. Nous ne pouvons admettre ce point de vue. Lorsque le législateur a voulu limiter la quotité disponible entre époux, il n'a pas cherché à établir une relation entre le disponible ordinaire et le disponible spécial dont il s'occupait. Il a considéré que la femme avait été la compagne assidue de son mari, qu'elle avait partagé avec lui la bonne et la mauvaise fortune et qu'il n'était pas juste qu'après avoir assuré peut-être le bien-être du ménage par son ordre et son économie, elle se trouvât privée, par la mort de son conjoint, de l'aisance qu'elle avait si bien méritée. N'était-il pas plus moral, n'était-il pas indispensable, puisqu'on supprimait les gains de survie légaux, de permettre au moins au mari d'assurer à la femme veuve une existence analogue à celle qu'elle avait menée dans le mariage? Dès lors, qu'importe le nombre des enfants, qu'importe la question de savoir ce qu'un tiers pourrait recevoir! Les besoins de la femme sont fixes, rien ne peut les faire varier; la quotité disponible à son profit doit être fixe et invariable. Qu'on ne parle pas de causes de faveur ou de défaveur; toutes deux disparaissent ou plutôt se confondent devant ce point de vue plus élevé : Assurer au conjoint survivant une existence honorable et proportionnelle à sa vie passée.

M. Benech résiste à cette argumentation. Il ne peut pas comprendre que la quotité disponible spéciale, toujours plus forte que la quotité disponible ordinaire, lui soit inférieure dans un seul cas, quand il n'y a qu'un seul enfant, c'est-à-dire, précisément lorsqu'elle pourrait être plus forte sans nuire à la situation de cet enfant. M. Demolombe répond : *Lex arctius prohibet quod facilius fieri putat.* On a craint que l'époux donateur ne dépouillât l'enfant unique au profit du conjoint, et cela était effectivement à craindre. Ces deux

êtres sont les plus chers à son cœur, et le père, qui ne prive-
rait pas son fils d'une parcelle de sa succession au profit
d'un étranger, n'hésitera pas à disposer de la quotité disponible au profit de la mère de cet enfant. Or, qu'arrivera-t-il
souvent ? Puisqu'il n'y a qu'un enfant, il est probable que le
premier mariage a été de courte durée, et cette libéralité
du premier époux servira de dot au survivant pour contracter une nouvelle union. Inutile de dire que ce n'était
pas là l'intention du donateur. Ce sont ces considérations
qui, développées devant la Cour de cassation par M. Faure,
conseiller rapporteur, ont causé la ruine du système de
M. Benech.

Du reste, nous le répétons encore, le but du législateur
a été d'assurer au conjoint une existence analogue à celle
qu'il a menée pendant le mariage, et, ce point de départ établi, quoi de plus naturel et quoi de plus logique que les conséquences de l'art. 1094 ? On ne saurait faire le même éloge
au système de M. Benech. Admettons-le pour un instant, et
nous verrons se produire le résultat singulier que voici :

Lorsqu'il y aura trois enfants, le conjoint recevra un quart
en propriété et un quart en usufruit, c'est-à-dire un quart
en usufruit de plus que ce que pourrait recevoir un
étranger ;

Lorsqu'il n'y aura qu'un seul enfant, le conjoint recevra
le disponible ordinaire, c'est-à-dire la même chose qu'un
étranger.

M. Benech n'a donc pas trouvé un remède radical au mal
qu'il prétend guérir, et les reproches qu'il fait à notre système se retournent, au moins en partie, contre le sien. C'est
que cet auteur n'a pas osé être logique jusqu'au bout. Il nous
dit : L'art. 1094 fixe la quotité disponible entre époux; cette
quotité se composait au début de deux parties : la quotité
disponible ordinaire et une augmentation de cette quotité
disponible au profit du conjoint. Le législateur n'a pas voulu

priver le conjoint des améliorations qu'il a apportées plus tard à la situation des tiers, donc le conjoint aura droit au disponible ordinaire s'il est le plus fort.

Il fallait ne pas s'arrêter en chemin et dire : Mais l'accroissement au profit du conjoint subsistera toujours et, par conséquent, le conjoint recevra la quotité disponible ordinaire augmentée d'un quart en usufruit. Il est vrai que cette conclusion serait formellement contraire au texte, mais n'est-ce pas une preuve de plus du vice du raisonnement de M. Benech ?

Nous n'insisterons pas sur l'argument de texte. On a fort bien dit que toute formule permissive en contient implicitement une autre prohibitive. « Vous donnerez cent »; n'est-ce pas sous-entendre : « Et vous ne donnerez pas davantage. » Et ne pouvons-nous pas nous demander, avec M. Colmet de Santerre, quelle est la formule qui n'eut pas prêté à équivoque ? Du reste, s'il faut une prohibition formelle, on la trouvera dans l'art. 1099.

Le système de M. Benech ne peut donc pas trouver là une base sérieuse. Ce n'est pas non plus l'argument historique qui pourrait lui en tenir lieu. Ici, encore, cet auteur est parti d'un point de vue faux.

Quand on élabora le projet Jacqueminot, le disponible ordinaire parut insuffisant pour assurer au conjoint une existence honorable, et alors l'on écrivit l'art. 1094. Plus tard, en revoyant la théorie du disponible ordinaire on trouva qu'elle limitait trop étroitement le droit naturel qu'a chacun de disposer de ce qui lui appartient, et l'art. 913 fut modifié. Mais cette modification ne touche en rien aux droits de l'époux; son sort avait été assuré par l'art. 1094 et, en respectant ce texte, le législateur a voulu nous prouver qu'il n'entendait pas revenir sur ce qu'il avait déjà décidé à ce sujet.

Voilà les principaux arguments qu'on a fait valoir pour ou contre ce système. On peut encore faire remarquer que les art. 1094 et 1098 forment par eux seuls une théorie complète de quotité disponible entre époux et qu'il n'est pas conforme aux régles d'interprétation d'aller chercher ailleurs un supplément de régles inutile. Enfin, l'art. 1099 corrobore ce système.

Toute l'erreur de M. Benech est venue d'un point de départ faux. Il a voulu établir une relation qui n'existe pas entre le disponible ordinaire et le disponible spécial entre époux. Du reste, pour quiconque a lu son livre, le succès momentané de ce système n'est plus une cause d'étonnement, et nous-même, quelques pages plus loin, nous aurons occasion de revenir à cet ouvrage, pour parler, avec plus d'éloges cette fois, d'un grand système qui y est développé pour la conciliation des art. 913, 915 et 1094 du Code Napoléon.

Combinaison des art. 913 et 1094.

Nous sommes arrivé à la question la plus difficile et la plus controversée de la matière des donations entre époux. Nous venons de voir que l'art. 1094 établit une quotité disponible spéciale, et nous savons, d'autre part, que la loi a fixé une limite aux libéralités de tout homme ayant des descendants ou des ascendants. Ainsi, donc, l'art. 913 d'une part, d'autre part l'art. 1094 établissent deux quotités disponibles.

L'époux qui a des enfants pourra-t-il disposer au profit de son conjoint du disponible de l'art. 1094 et, en outre, au profit d'un enfant ou d'un tiers, de celui de l'art. 913 ? Si l'ensemble de ses libéralités ne peut être égal à la somme des deux disponibles, jusqu'à quelle limite pourra-t-il s'élever ? Tels sont les termes dans lesquels se pose la question.

Comme nous l'avons dit, le désaccord le plus complet règne dans la jurisprudence et dans la doctrine, et il n'est

guère de système qui n'ait été présenté. M. Laurent donne
de cette confusion l'explication la plus vraie, lorsqu'il dit :
« C'est que la loi n'a pas prévu cette hypothèse, d'où des
« difficultés insolubles... parce que le législateur pouvait
« seul les trancher... Les interprètes créent des principes
« et font la loi... mais toute doctrine certaine est impossible,
« car la quotité disponible est une matière arbitraire que le
« législateur règle à son gré et que lui seul peut régler. »

Malgré ou peut-être à cause de cette incertitude et en
raison de son importance, la question mérite toute notre
attention Pour l'étudier, nous suivrons d'abord pas à pas
la formation de la jurisprudence ; une fois que nous l'aurons vue s'établir, nous l'apprécierons, et cette discussion
nous servira de transition naturelle pour passer à l'exposé
des autres systèmes.

C'est en 1810 que la question qui nous occupe fut tranchée
pour la première fois. La Cour d'Agen décida que l'époux
donateur pouvait disposer, en faveur de son conjoint, de la
quotité disponible de l'art. 1094 et en même temps attribuer
à un tiers le disponible de l'art. 913. Cette décision s'explique historiquement. Sous le Droit intermédiaire, le cumul
des deux disponibles était admis ; la minime importance de
la quotité disponible ordinaire parait aux inconvénients d'un
semblable système. Sans doute, la Cour d'Agen se laissa éga-
rer par cette tradition ; mais, aujourd'hui, personne ne sou-
tiendrait plus cette théorie qui amènerait à des résultats
non-seulement exhorbitants, mais encore matériellement im-
possibles, puisque le cumul annihilerait la réserve et même,
dans le cas d'ascendants, dépasserait le patrimoine.

Un exemple fera bien ressortir ce que nous voulons dire :
Si Primus meurt laissant son père, il pourrait, dans le système du cumul, donner à son conjoint trois quarts en propriété plus un quart en usufruit, en vertu de l'art. 1094, et,
à un tiers, trois quarts en propriété, en vertu de l'art. 913.

Voilà donc une succession, c'est-à-dire une unité, qui se composerait de plus de quatre quarts. Cela démontre suffisamment que le cumul des deux disponibles est impossible, et, dans tout ce qui va suivre, nous rechercherons seulement jusqu'à quelle limite les art. 913 et 1094 peuvent concourir ensemble.

Déjà, les Cours d'appel avaient rendu sur cette question bien des décisions diverses, lorsqu'une solution fut demandée à la Cour de cassation en 1824. Il s'agissait de savoir si un époux, ayant trois enfants, après avoir donné par contrat de mariage à sa femme l'usufruit de moitié de ses biens, pouvait encore attribuer à un tiers un quart en nue propriété. La Cour de cassation jugea que cette seconde donation était impossible, parce que le premier don fait à la femme d'un demi en usufruit était équivalent à une donation d'un quart en propriété; que, par conséquent, cette première donation avait épuisé le disponible de l'art. 913, sur lequel doivent d'abord être imputées toutes les donations, et que, dans cette situation, attribuer un quart en nue propriété au tiers reviendrait à le faire profiter de l'art. 1094, qui n'est pas écrit en sa faveur. Sans doute, le donateur aurait pu donner un quart en nue propriété à un tiers et une moitié en usufruit à son conjoint, mais pour cela il aurait dû commencer par attribuer le quart en nue-propriété au tiers. Cette donation, première en date, aurait porté sur l'art. 913, et le conjoint aurait recueilli sa moitié en usufruit, grâce à l'art. 1094, dont seul il a le droit de profiter. Tel est le sens de cet arrêt qui est la base de la théorie de la Cour de cassation. On recherchera l'ordre des donations.

Si le tiers a été gratifié le premier, le conjoint pourra recevoir la différence entre les deux disponibles.

Si la donation, première en date, est en faveur du conjoint et si elle est égale au disponible de l'art. 913, le tiers ne pourra plus rien recevoir.

L'ordre des dates règle la capacité du donateur.

Jusqu'en 1846, la question reçut toujours la même solution devant la Cour suprême. Mais, dans toutes les espèces qui s'étaient présentées, les libéralités avaient eu lieu par des dispositions successives. Ce n'est qu'alors que la Cour eut à se demander si l'on devait s'attacher à l'ordre des libéralités, lorsqu'elles étaient faites par des dispositions contenues dans un même acte. L'arrêt qui survint ne trancha pas la difficulté. Il validait les deux clauses jusqu'à concurrence de l'art. 1094 ; mais il semblait s'appuyer sur ce que la clause en faveur du tiers précédait, dans l'acte, celle en faveur de l'époux.

L'obstacle n'était pas évité pour longtemps et, en 1847, la même espèce se représentait, avec cette différence que la disposition en faveur du conjoint précédait celle en faveur du tiers.

La question était nettement posée ; il était impossible de la tourner. La Cour de cassation recula devant l'application rigoureuse du principe qu'elle avait posé. Pouvait-on faire dépendre la capacité du donateur d'un simple arrangement de syllabes, de l'ordre des clauses si souvent abandonné au caprice du notaire qui rédige l'acte ? Ne valait-il pas mieux considérer les deux donations comme simultanées et effacer en quelque sorte le très court espace de temps qui les avait séparées. C'est ce qui fut décidé, et la même solution devrait être étendue au cas où les deux dispositions seraient contenues dans deux testaments, car ce n'est qu'au décès du testateur que les testaments produisent leur effet et tous les testaments ont en ce sens même date.

Nous venons de suivre dans sa formation la jurisprudence de la Cour de cassation. Elle peut se résumer ainsi :

En principe, chacun des donataires ne peut recevoir qu'en vertu et dans les limites du disponible qui lui est spécial.

Quand le donateur ne laisse qu'un enfant, c'est-à-dire

quand la quotité de l'art. 913 est plus forte que celle de
l'art. 1094, le donateur pourra toujours disposer de la quotité de l'art. 913.

Quand le donateur laisse trois enfants ou plus, il faut
distinguer :

Si les donations sont simultanées, c'est-à-dire faites par un
seul acte entre-vifs ou par testaments, elles pourront absorber la quotité disponible de l'art 1094 ; de même si, les donations étant successives, la première en date est faite en
faveur d'un enfant ou d'un tiers.

Mais si, les donations étant successives, le conjoint est le
premier gratifié, les tiers ne pourront rien recevoir lorsque
la donation au conjoint sera égale ou supérieure au disponible de l'art. 913.

Pour être complet, nous devrions examiner l'hypothèse
où le donateur laisse deux enfants, mais nous préférons
renvoyer à plus tard l'examen de cette face de la question.

Nous venons de dire qu'un tiers ne peut plus rien recevoir
lorsque les donations sont successives et lorsque le conjoint,
gratifié le premier, a reçu une donation égale au disponible
de l'art. 913. Dans ce cas, la Cour de cassation considère
que le disponible ordinaire est absorbé. La loi, dit-elle, a mis à
la disposition du donateur deux fonds, l'un ordinaire, l'autre
de réserve. N'est-il pas évident que le donateur fait des
libéralités d'abord sur son fonds ordinaire et qu'il n'attaque
que subsidiairement le fonds de réserve. Quel est l'homme
qui touche à son crédit extraordinaire avant d'avoir épuisé
son crédit ordinaire ?

Dès lors, la libéralité, dit M. Troplong, « bien que puisée
dans l'art 1094 réfléchit sur le droit établi par l'art 913 »
et peut l'absorber. Si elle l'absorbe, les droits des tiers
s'évanouissent, car ils ne pouvaient porter que sur la quotité disponible de l'art. 913, et cette quotité disponible elle-

même a disparu. Peu importe, du reste, que la donation faite
à l'époux ait pour objet un droit de propriété ou un droit
d'usufruit. Les deux disponibles ne peuvent être cumulés,
et, pour éviter le cumul, on devra évaluer en propriété
ce don d'usufruit afin de pouvoir en faire l'imputation sur
l'art. 913.

Voilà comment la capacité du donateur varie suivant
l'ordre des donations : c'est que l'époux seul peut se prévaloir de l'exception de l'art. 1094 et que le tiers en profiterait s'il pouvait recevoir quelque chose une fois que le
conjoint a reçu une donation équivalente au disponible de
l'art. 913. Du reste, cette influence des dates n'a rien qui
doive nous étonner. « Dans combien de cas le droit ne
« dépend-il pas de la date ? N'est-ce pas une règle triviale
« en jurisprudence que *potior tempore, potior jure*. Il ne
« faut donc pas mépriser l'argument qui se tire de l'ordre
« chronologique des dispositions. » (Troplong, IV, art. 2599.)

Le système de la Cour de cassation, tel que nous venons
de l'exposer, a soulevé dans la doctrine des protestations à
peu près unanimes. Il rentre dans le cadre de notre sujet
de réunir ici les principales de ces critiques.

Les art. 913 et 1094 ont été écrits dans un double but.
Celui-ci facilite les mariages en permettant aux époux d'assurer au survivant d'entre eux une existence conforme à
celle qu'il a menée pendant le mariage ; l'autre donne une
sanction à la magistrature domestique du père, en lui permettant de récompenser ou de punir par une équitable distribution de son patrimoine. Ce double but ne sera atteint
que si l'époux qui a usé, en se mariant, d'une partie de la
liberté qui lui est accordée par l'art. 1094 peut encore, en
vertu de l'art. 913, gratifier celui de ses enfants qui le mérite. Et, cependant, c'est là ce que la jurisprudence rend
impossible. Si l'époux donne par contrat de mariage à son
conjoint, il sera hors d'état de donner à ses enfants qui

pourront naître du mariage, et pourtant, en agissant ainsi, il suit l'ordre logique et naturel. Au moment du mariage, l'époux songe bien peu aux enfants à naître. Tout entier à l'amour de sa compagne, il n'est que trop porté à la favoriser dans les plus larges mesures de la loi. Plus tard, lorsqu'il aura créé une famille, il regrettera peut-être de s'être dépouillé du droit de récompenser ou de punir. Mais, trop tard !

M. Troplong n'y voit pas de mal. « La plupart de ceux qui « donnent à un enfant obéissent moins à des nécessités « d'intimidation et de correction qu'à des préférences ag- « natiques, au désir de favoriser un fils plus qu'une fille, « au préjugé qui place l'aîné au-dessus du cadet. Je ne vois « donc pas un mal immense dans une situation qui main- « tient l'égalité entre enfants et rend plus difficile l'exercice « du pouvoir qui permet de la briser. Les faiseurs d'aînés » et les contempteurs de filles peuvent s'en plaindre ; nous » nous en affligeons moins... »

Vraiment, mais n'est-ce pas là faire la critique de la loi qui autorise le père à favoriser un enfant et n'avons-nous pas le droit de penser avec le législateur que, malgré les abus qui peuvent en résulter, il est bon qu'un père puisse récompenser et punir ; que, du reste, il n'appartient pas à l'interprète de rayer un texte de loi ? Nous regrettons donc ce résultat bizarre et nous craignons, avec Taulier, qu'il n'amène le père à se lancer dans la voie des avantages simulés.

Mais, nous répondent les partisans du système de la Cour de cassation : aller contre notre solution, c'est faire profiter un tiers de l'art. 1094 ! Nous ne pouvons admettre ce raisonnement. Comment, lorsque l'enfant aura été gratifié avant le conjoint ou en même temps que lui, il ne profitera pas de l'extension de l'art. 1094, et il en profiterait s'il était gratifié après le conjoint ! Cette distinction n'est qu'une subtilité. Dans aucun cas, l'enfant ne paisera son droit dans l'art. 1094, pas plus que le conjoint n'invoquera l'art. 913. Chacun profitera de la quotité disponible établie en sa faveur. Notre droit a fixé les quotités disponibles en s'occupant de savoir s'il y avait des enfants et quel en était le nombre. A défaut d'enfants, il a recherché s'il existait des héritiers d'un ordre plus favorable que d'autres ; mais, jamais le législateur n'a fait dépendre la capacité d'un disposant de l'ordre dans lequel il a fait ses libéralités, et, pour donner à notre pensée une forme vulgaire qui la fera bien saisir, si je puis donner cent à Pierre et à Paul, à condition de ne donner que trente à Paul, je ne vois pas pourquoi je ne commencerais pas indifféremment par donner trente à Paul ou soixante-dix à Pierre ! La question des dates doit être soulevée pour savoir non pas s'il faut réduire, mais dans quel ordre il faut réduire. L'art. 923, formel dans ce sens, fait un rude échec aux théories de la Cour de cassation, et il n'est pas le seul, puisqu'à côté de lui, l'art. 920 assimile les donations testamentaires aux donations entre-vifs, tandis que la Cour de cassation distingue entre elles.

Étranges conséquences, pouvons-nous dire avec M. Benech, que celles qu'entraine ce système ! « L'époux a donné à son « conjoint pendant le mariage, le 1er janvier, l'usufruit de « la moitié de ses biens. Le 2 janvier, il a donné par acte « entre-vifs la nue propriété du quart à un autre. Le même « jour, il apprend que la jurisprudence de la Cour de cassa- « tion n'admet pas ce cumul parce que le don fait à l'époux « est le premier en date. Que fait alors le disposant ? Le « 3 janvier, il révoque le don fait à son conjoint et, le même « jour, il le renouvelle. Par cet ordre, le nouveau don fait à « l'époux se trouvant postérieur à celui de l'étranger, le « cumul sera valable. »

Le système de la Cour de cassation se défend encore par un argument qui n'est que spécieux. Est-il soutenable, dit-on, qu'un homme use de son fonds extraordinaire et de réserve avant de toucher à son fonds ordinaire ? Ainsi, donc, l'art. 913 établirait une quotité disponible ordinaire et l'art. 1094 une quotité disponible extraordinaire ?

Nous ne saurions admettre une telle appréciation qui nous amènerait bientôt à soutenir que l'époux ne peut recevoir ce qu'on appelle le fonds de réserve que s'il a reçu aussi le fonds commun (voir plus bas le système de M. Laurent). Non, la loi n'a pas établi de ces distinctions. Dans les art. 913 et 1094, elle a fixé la quotité disponible en la considérant à deux points de vue, l'un général, l'autre particulier. Elle fixe un *quantum* disponible en faveur des étrangers et un *quan'um* disponible en faveur du conjoint. Ces deux disponibles comprennent les mêmes biens; la limite seule de disponibilité varie. Mais l'art. 1094, loin de contenir un simple supplément, contient une quotité disponible exactement comme les art. 913, 915, et, à moins de circonstances spéciales, on ne saurait induire que le testateur n'a voulu y toucher que subsidiairement. Je vais plus loin, et je soutiens que si une présomption peut exister, c'est justement la présomption contraire. Nous avons démontré, dans la critique du système de M. Benech : que le conjoint donataire ne pourrait s'appuyer sur l'art. 913 pour demander la délivrance de son legs; que la théorie de la quotité disponible entre époux est tout entière contenue dans les art. 1094 et 1098. Si, donc, le conjoint ne peut pas recevoir en vertu de l'art. 913, comment peut-on supposer que c'est de la quotité disponible de cet art. 913 que le donateur a voulu le gratifier? Du reste, ceci n'a qu'un intérêt théorique, puisque l'art. 913 et l'art. 1094 permettent de disposer des mêmes biens en limitant seulement la quotité, suivant les cas.

Qu'on ne vienne pas nous dire que cette distinction en fonds ordinaire et en fonds de réserve, si elle n'est pas juridique, est au moins conforme à l'intention du disposant! Quel est l'homme qui, en faisant une libéralité n'atteignant pas son

7

disponible le plus élevé, veut se lier les mains pour l'avenir et restreindre sa capacité?

Rien de plus difficile que l'appréciation d'un droit d'usufruit, et cela se comprend. De combien de circonstances dépend la vie humaine? A l'âge, au sexe, aux habitudes, joignez le climat, la santé, les prédispositions maladives, le genre de vie et les mille accidents que l'on ne saurait prévoir.

Comment établir un jugement en pareille matière? Et n'est-ce pas un effet du hasard si la décision se rapproche de la vérité. Aussi, les juges de tout temps ont-ils reculé devant leur tâche.

La loi romaine fixe des tables de mortalité; mais ces tables, fondées uniquement sur l'âge de l'usufruitier, consacraient ouvertement tant d'iniquités que nos anciens parlements refusaient de les appliquer.

Plus tard, une ordonnance de 1441 sur le rachat des rentes fixe la valeur de l'usufruit d'une rente au tiers du capital. Aussitôt, les auteurs de soutenir que l'usufruit vaut toujours le tiers de la propriété, et nous voyons Lebrun s'élever contre un pareil système.

En écrivant notre Code, le législateur s'émut de cette question qui avait soulevé de si graves difficultés, et les art. 612 et 917 évitent, dans deux cas très importants, l'évaluation de l'usufruit. Mais bien d'autres cas se présenteront où on ne pourra tourner la difficulté. Quelle sera alors la base d'appréciation? La jurisprudence hésite. Jugera-t-elle suivant les circonstances, le simple bon sens semblerait l'y déterminer ; mais elle craint d'assumer sur elle la responsabilité d'une estimation que l'événement démentira peut-être demain et alors elle exhume une loi de frimaire an VII. Cette loi, pour assurer la perception des droits de mutation en évitant les procès, évalue l'usufruit à la moitié de la propriété. On la transporte en Droit civil et, de fait, on l'érige en règle.

C'est en vain que la doctrine tout entière s'est élevée contre cette évaluation arbitraire et invariable. On comprend cette disposition dans une loi fiscale comme celle de l'an vu qui a dû prendre une moyenne afin d'éviter les évaluations, source interminable de procès aussi préjudiciables aux particuliers qu'à l'État. Mais rien de moins juridique que de transporter cette règle dans des espèces pour lesquelles elle n'a pas été édictée. Sans doute, elle est fort commode ; mais cet avantage peut-il entrer en ligne de compte en présence des iniquités qu'elle consacre journellement en méconnaissant toutes les circonstances de fait qui font varier la valeur d'un droit d'usufruit ?

Cette évaluation de l'usufruit que nous venons de critiquer d'une façon générale présente au cas de la quotité disponible des inconvénients spéciaux de la plus haute gravité. Dans l'art. 917. le législateur a écrit le moyen d'éviter cette appréciation lorsqu'il n'est question que du disponible ordinaire, en laissant à l'héritier réservataire le choix d'exécuter la donation en usufruit telle qu'elle a été faite ou d'y substituer le disponible fixé par la loi. Dans l'art. 1094. le législateur fixe un disponible spécial en usufruit. Il a donc voulu, dans tous les cas. éviter l'évaluation de l'usufruit. et le système de la Cour de cassation. basé sur cette évaluation, est évidemment contraire à l'esprit de la loi. Bien plus, il en viole ouvertement le texte en méconnaissant la dualité des disponibles de l'art. 1094.

M. Troplong soutient que cette évaluation n'est que fictive, qu'elle n'a pas les inconvénients dont on l'accuse. que c'est un simple moyen de rechercher si la quotité disponible a été dépassée. Malgré tout cela. il n'en est pas moins vrai :

1° Que, par ce mode de calcul, on évalue l'usufruit. ce que le Code voulait éviter, puisqu'il fixait un disponible spécial en viager ;

2° Qu'on limite le droit du donateur plus étroitement que ne le faisait la loi ;

3° Enfin, que l'on viole la volonté du disposant qui, en attribuant à son conjoint un usufruit seulement, voulait se réserver la faculté de disposer d'un quart en nue propriété. On ne saurait soutenir, en effet, qu'un homme qui peut donner trente renonce à disposer de ce qui reste libre entre ses mains parce qu'il donne vingt.

Ce n'est pas sans raison , du reste, que la loi, ici plus que partout ailleurs, a cherché à éviter les évaluations d'usufruit. On ne saurait admettre « l'évaluation uniforme et arbitraire de la jurisprudence ; » les parties ont le droit de discuter toutes les circonstances de la cause. « Et, alors, quel scan-« dale! La fixation de la quotité disponible ne sera plus « qu'une question de médecine légale. Il faudrait nommer « des experts pour visiter la personne de l'usufruitier, « scruter ses maladies les plus secrètes, et ce sera un fils « qui, pour déprécier l'usufruit donné à sa mère et augmen-« ter d'autant la part qui lui revient dans la quotité dispo-« nible, provoquera contre elle ces mesures impies; on « l'entendra discuter en sa présence le nombre d'années qui « lui reste à vivre, appeler pour ainsi dire la mort sur sa « tête en démontrant qu'elle a déjà un pied dans la tombe. « Quelle profanation! et, cependant, il faudrait l'autoriser si « l'on voulait prononcer en connaissance de cause. Mieux « vaut mille fois encore la règle uniforme adoptée par la « jurisprudence, quelque inique qu'elle soit.

« Que faut-il conclure de tout cela? Qu'un système qui « mène à de telles conséquences, qui force le juge à choisir « entre le scandale et l'arbitraire doit être infecté d'un vice « radical; qu'il faut l'abandonner résolûment pour chercher « une solution plus conforme aux principes de la raison, de « la morale et de la justice. » (Réquier.)

Cette solution, plus conforme à la raison, à la morale et

à la justice, a été recherchée par bien des auteurs. Avant de
passer aux deux principaux systèmes qui ont été proposés,
il nous faut dire un mot de celui qui avait déjà été présenté
à la Cour de cassation par M. Delangle et que l'éminent
auteur belge. M. Laurent, a essayé de faire revivre.

Le concours, d'après cet auteur, ne peut avoir lieu que
jusqu'à concurrence du disponible de l'art. 913. M. Laurent
est donc d'accord avec les autres systèmes, tant que l'ensemble des donations n'excède pas l'art. 913. Mais le dissentiment commence sur la question suivante. Le donateur
peut-il attribuer à un étranger le disponible ordinaire et au
conjoint la différence entre le disponible ordinaire et le disponible exceptionnel ? La doctrine et la jurisprudence l'affir-
ment sans hésiter. M. Laurent critique cette solution. Il
rapporte en substance un réquisitoire de M. Delangle : Tandis
que le disponible ordinaire est limité en faveur des héritiers
réservataires, le disponible spécial est établi en considération
du conjoint donataire ; la faveur du mariage est si grande
qu'elle l'emporte sur la considération du sang. On peut
sacrifier l'ascendant ou les enfants à l'époux, mais non pas
aux étrangers. Du moment que le conjoint ne reçoit pas la
quotité disponible ordinaire, l'art. 1091 perd sa raison d'être.
Du reste, la loi le dit formellement : « L'époux pourra recevoir ce que recevrait un étranger et, en outre, l'usufruit de
la réserve des ascendants. » Il faut donc que l'époux reçoive
le disponible ordinaire pour avoir droit au disponible exceptionnel.

Malgré tout le talent de M. Delangle, cette thèse ne préva-
lut pas devant la Cour de cassation, et elle ne pouvait pas
prévaloir. Comme l'avait déjà fort bien dit un autre arrêt,
« on ne saurait combattre avec des considérations un texte
qui ne présente ni doute ni obscurité. » Il était assez singulier, du reste, de poser au donateur ce dilemme : Vous donnerez tout ou rien ; et de ne pas lui permettre de graduer la

libéralité à son gré. Quant à l'argument tiré des mots « en outre, » il n'est pas aussi sérieux qu'il le semble d'abord. N'est-ce pas comme si l'on avait dit : La quotité disponible ordinaire est augmentée au profit du conjoint de la réserve des ascendants? Enfin, il importe fort peu aux héritiers réservataires d'être dépouillés au profit de Pierre plutôt qu'au profit de Paul. Laissons donc de côté ce système que tout le monde repousse et abordons sans plus tarder ceux qui ont été présentés par MM. Aubry et Rau, d'une part ; MM. Benech, Demolombe et Réquier, d'autre part.

MM. Aubry et Rau sont partis de cette idée que la Cour de cassation, dans la conciliation des art. 913 et 1094, s'occupe beaucoup des droits des réservataires et bien peu de ceux du donateur, dont elle limite la capacité bien en deçà des bornes fixées par la loi. Ce principe étant posé, et il faut reconnaître qu'il ne manque pas de fondements, le système de ces savants auteurs peut se résumer en deux mots : Plus de recherche de l'ordre des libéralités. Toutes les donations seront valables pourvu que chaque donataire ait reçu dans les limites du disponible qui le concerne et que le disponible le plus fort n'ait pas été dépassé. Que l'on ne dise pas que le tiers profitera de l'extension du disponible établie par l'art. 1094, il n'en profiterait que s'il recevait au-delà des limites de l'art. 913 !

MM. Aubry et Rau ne distinguent pas suivant que la donation au tiers est faite en usufruit ou en propriété. Qu'importe, disent-ils, la nature de la chose donnée et quel intérêt ont les héritiers réservataires à voir attribuer l'usufruit de la réserve au conjoint plutôt qu'à un tiers ! On a dit que l'usufruit attribué au conjoint dispenserait les enfants de lui fournir une pension alimentaire, parce qu'un usufruit étant difficilement aliénable, le conjoint le conserverait. Cela est vrai, mais d'une façon relative seulement, car, si l'usufruit est difficilement aliénable, il n'est pas inaliénable. Si, au contraire, c'est le conjoint qui reçoit un quart en propriété et si le quart en usufruit est attribué à un tiers, les enfants seront à peu près sûrs de voir rentrer tôt ou tard toûte la fortune du donateur entre leurs mains.

Nous ne saurions approuver ce raisonnement. Un droit d'usufruit varie suivant la tête sur laquelle il est établi, et les héritiers réservataires peuvent avoir intérêt à voir attribuer ce droit à un conjoint déjà avancé en âge plutôt qu'à un tiers peut-être beaucoup plus jeune. Ce sera, du reste, une question de fait qui changera avec les espèces. M. Colmet de Santerre avait compris cela, aussi proposait-il de laisser toujours l'usufruit établi sur la tête du conjoint, en en attribuant la jouissance au tiers. Mais nous ne saurions non plus admettre ce tempérament qui ne se trouve pas dans le Code. La loi permet d'attribuer au conjoint l'usufruit d'un quart pris sur la réserve, elle ne parle ni d'attribuer cet usufruit à un tiers ni de l'établir sur la tête du conjoint, en en accordant le bénéfice à un tiers.

C'est en vain qu'on nous répondrait que le tiers aurait pu recevoir, en vertu de l'art. 913, cet usufruit qu'on lui refuse. Il ne s'agit pas de savoir ce qui aurait pu être, mais ce qui est. L'art. 913 et l'art. 1094 n'établissent pas deux quotités disponibles distinctes et indépendantes l'une de l'autre. Comme nous l'avons déjà dit, comme nous achèverons de le démontrer un peu plus loin, les deux disponibles ont une partie commune, si bien que la donation faite en vertu de l'un d'eux réagit sur l'autre. Dès lors, le don fait au conjoint peut avoir absorbé le disponible de l'art. 913 et il ne restera de libre qu'une partie du disponible de l'art. 1094 dont le conjoint seul peut profiter.

MM. Aubry et Rau soutiennent leur système en présentant les conséquences des systèmes opposés. Si un père ayant trois enfants lègue à son conjoint un quart en propriété et à un tiers un quart en usufruit, il faudra réduire les deux donations qui, cependant, sont chacune dans les limites de leur disponible propre et dont la somme n'excède pas le disponible le plus élevé. Bien plus, si ces donations étaient faites par acte séparé et que le conjoint fût le second gratifié, il serait le seul réduit.

Toutes ces considérations n'empêchent pas M. Demolombe de critiquer assez vivement le système qui précède. Cette critique résultera de l'exposé que nous allons faire de ce nouveau et dernier système.

Le but que se sont proposé MM. Benech, Réquier et Demolombe a été de trouver un juste milieu entre les deux systèmes de la Cour de cassation et de MM. Aubry et Rau, c'est-à-dire d'éviter les évaluations d'usufruit sans cependant faire participer les tiers au bénéfice de l'art. 1094. Voici le raisonnement sur lequel est étayé ce système :

Dans le projet du Code, le disponible ordinaire n'était pas ce qu'il est aujourd'hui. Le donateur pouvait disposer :

1° D'un quart de ses biens, s'il avait des descendants et quel qu'en fût le nombre ;

2° De moitié, s'il avait des ascendants ou des frères et sœurs ou descendants d'eux ;

3° De trois quarts, s'il avait des oncles, grands-oncles ou cousins germains.

Le point à noter est le caractère de fixité de cette quotité disponible qui ne tenait pas compte du nombre des héritiers réservataires. Cela étant posé, si on compare ce projet du Code avec le texte de l'art. 1094 qui n'a pas varié, il sera évident pour tous que la pensée du législateur était d'accorder au conjoint, dans tous les cas, la quotité disponible ordinaire augmentée d'une certaine quantité d'usufruit. C'est du reste, ce qui est dit formellement pour le cas où il n'y a que des ascendants par le premier paragraphe de l'art. 1094.

« Tout ce dont il pourrait disposer en faveur d'un étranger

« et, en outre, de l'usufruit de la totalité de la portion dont
« la loi prohibe la disposition au profit des héritiers. » Cette
part d'usufruit sera moins considérable au cas où il y aura
des descendants, mais on la retrouvera toujours, puisque le
conjoint pourra recevoir un quart en propriété, plus un
quart en usufruit.

Tel était le système du projet du Code, personne ne
saurait en douter ; mais a-t-il été consacré par le législateur ?

Le doute est permis depuis que, sur la proposition de Cam-
bacérès, on a substitué à la quotité fixe une quotité proportionnelle au nombre des enfants ; cependant MM. Demolombe et Réquier croient que l'idée mère du système primitif
a subsisté. Ils s'appuient sur la première partie de l'art. 1094,
formelle en ce sens, et sur ce que toute opinion contraire
amènerait au cumul, puisque aucun texte dans notre législation ne le défend. Si, donc, on admet que les quotités des
art. 913 et 1094 sont complètement indépendantes, rien
ne peut empêcher le père de famille de disposer successivement de l'une, puis de l'autre ; et alors la loi nous aura
conduit à un résultat absurde.

Nous avons déjà dit plus haut, dans la critique du système
de la Cour de cassation, que l'art. 1094 comprend simplement la quotité disponible modifiée ; ce point est capital,
c'est la base du système que nous étudions et nous devons
l'établir aussi nettement que possible.

La quotité disponible de l'art. 1094 se compose de deux
éléments, l'un en propriété, l'autre en usufruit. Le disponible
en propriété n'est autre que le disponible ordinaire, ou une
partie de ce disponible suivant les cas ; le disponible en usufruit est spécial aux donations entre époux. Il résulte de là
que lorsqu'une donation est faite à un époux par l'autre,
pour savoir si cette donation réagit sur le disponible ordinaire, on doit rechercher si elle est faite en usufruit ou en

propriété ; et on ne doit l'imputer sur le disponible ordinaire que dans ce dernier cas.

Quant au disponible en usufruit, il ne saurait être attribué qu'au conjoint. C'est ce disponible en usufruit qui constitue le bénéfice de l'art. 1094 et qui, par suite, ne peut faire l'objet d'une donation à un tiers.

C'est donc avec de l'usufruit qu'un époux peut avantager son conjoint, et cela ne peut nous surprendre puisqu'il en a toujours été ainsi (Douaire, Augment, Contre augment).

Telle est la théorie du système de MM. Réquier et Demolombe. La mise en pratique en est fort simple.

Si l'art. 913 contient la quotité disponible la plus forte, accord parfait avec la Cour de cassation.

Si c'est l'art. 1094 qui fixe le disponible le plus élevé et si un tiers a déjà reçu le disponible ordinaire, le conjoint pourra recevoir un quart en usufruit.

Si, au contraire, la donation première en date est faite au conjoint, il faut distinguer suivant qu'elle est faite en propriété ou en usufruit. Dans le second cas, elle ne s'imputera pas sur le disponible de l'art. 913, tandis qu'elle s'y imputerait dans le premier.

Qu'on ne vienne pas nous dire que le tiers profitera de l'art. 1094, car il n'en profiterait que s'il touchait l'usufruit d'une partie de la réserve, et c'est ce qui n'arrivera dans aucun cas.

Le système de M. Réquier émane d'un homme à qui la pratique des affaires est familière et il s'en ressent. C'est, en effet, le plus souvent par contrat de mariage que les conjoints se font des libéralités, et ces libéralités ont pour objet de l'usufruit. Grâce à ce nouveau système, le donateur sera libre de disposer plus tard, au profit d'un enfant ou d'un étranger, d'un quart en nue propriété. En effet, la donation faite au conjoint en usufruit sera réductible à une moitié en usufruit ;

elle ne s'imputera sur l'art. 913 que pour un quart en usufruit et laissera libre, par conséquent, dans le disponible de
cet article, un quart en nue propriété, l'autre quart en usufruit portant sur la réserve en vertu de l'art. 1094 C'est
ainsi que sera atteint le double but des art. 913 et 1094.

M. Marcadé, dans son commentaire du Code civil, après
avoir adopté le système de la Cour de cassation, y apporte
un tempérament. Il admet l'imputation sur l'art. 913 de la
donation première en date faite au conjoint, excepté lorsque
la donation est de telle nature qu'elle ne peut être faite qu'en
vertu de l'art. 1094. Pour prendre un exemple, il imputera
sur l'art. 913 la donation *d'un quart* en usufruit, mais il considère comme faite en vertu de l'art. 1094 la donation *d'une
moitié en usufruit.* On le voit, M. Marcadé et M. Demolombe,
d'accord sur le principe, diffèrent dans l'application. M. Demolombe considère toutes les donations en usufruit comme
faites en vertu de l'art. 1094, tandis que M. Marcadé croit que
ces donations peuvent être fondées sur l'art. 913, pourvu
qu'elles n'excèdent pas un quart.

Avec l'exposé du système de M. Demolombe, nous avons
terminé l'étude de la première partie de cette question
du concours des deux disponibles. Un mot encore pour
nous résumer. Tout le monde est d'accord sur une
partie de la question, pour repousser le cumul. S'il
n'y a qu'un enfant, c'est-à-dire quand le disponible de
l'art. 913 est le plus fort, tous les systèmes admettent le
concours des donataires jusqu'à concurrence de l'art. 913,
pourvu que le conjoint ne reçoive rien au-delà du disponible de l'art. 1094. Mais ils se séparent lorsque c'est
l'art. 1094 qui établit le disponible le plus élevé. Tandis que
MM. Aubry et Rau admettent toujours le concours jusqu'à
concurrence de l'art. 1094, M. Laurent le repousse complètement. Les autres systèmes établissent des distinctions. La
Cour de cassation s'occupe de l'ordre des donations, sans

distinguer si elles sont faites en propriété ou en usufruit. Enfin, MM. Benech, Demolombe et Réquier recherchent seulement si elles ont pour objet de la propriété ou de l'usufruit.

Il nous reste à présent à examiner la question du concours des deux quotités disponibles lorsque l'époux donateur a laissé deux enfants. Dans tout ce qui précède, nous avons soigneusement éliminé ce qui avait trait à cette question, afin de ne pas compliquer encore une matière déjà si difficile.

Jusqu'en 1853, cette espèce ne s'était pas présentée devant la Cour de cassation. Mais, alors, la Cour suprême eut à se prononcer dans les circonstances suivantes. L'époux donateur laissait deux enfants et sa femme, celle-ci avait reçu par contrat de mariage l'usufruit de tous les biens de son mari et l'un des enfants était donataire d'un quart en toute propriété. Il y avait évidemment lieu à réduction, mais dans quelles limites? La Cour de cassation raisonna ainsi qu'il suit : La donation d'usufruit à la femme sera réduite à la moitié de la succession par la survenance d'enfants. Cette donation de moitié en usufruit équivaut à la donation d'un quart en propriété imputable sur l'art. 913. Dès lors, il reste libre dans le disponible de cet article : un tiers moins un quart, c'est-à-dire un douzième. Ce douzième formera donc la part de l'enfant

C'était l'application à l'hypothèse spéciale des théories de la Cour de cassation. Mais ce système fondé sur l'évaluation de l'usufruit pèche par sa base et nous a conduit ici à ce résultat singulier que la quotité disponible se compose :

1° De moitié en usufruit;

2° D'un douzième en propriété.

De telle sorte que les enfants, lorsqu'ils seront deux, ne toucheront en pleine propriété que les cinq douzièmes de la succession, ce qui ne pourrait arriver s'il n'y avait qu'un seul enfant.

Le Tribunal de la Seine a été choqué de ce résultat et a cru trouver le remède en convertissant à son tour en un sixième de nue propriété le douzième en pleine propriété que peut toucher l'enfant. Alors, la quotité disponible devient :

1° Une moitié en usufruit ;

2° Un sixième en nue propriété.

Tout cela est fort ingénieux, mais fort peu juridique, et cette quotité disponible n'est écrite nulle part. En outre, ces calculs d'usufruit offrent encore d'autres inconvénients. Quand il y avait un ou trois enfants on pouvait savoir *à priori* laquelle des deux quotités disponibles était la plus forte ; mais quand il n'y en a que deux la question est plus délicate. Tout dépend de la valeur que l'on attribuera à l'usufruit. Prend-on pour base la loi de frimaire an vii, le disponible le plus fort sera celui de l'art 1094.

Si, au contraire, l'usufruit est considéré comme valant le tiers de la propriété ou moins, les deux disponibles sont égaux ou celui de l'art. 913 l'emporte.

« Voilà donc à quelles incertitudes, à quels embarras
« vient aboutir le système consacré par la jurisprudence.
« Que fera le père de famille lorsqu'il voudra connaître
« la quotité dont il lui est permis de disposer ? Ira-t-il con-
« sulter des jurisconsultes, des hommes d'affaires ? Comment
« pourront-ils prévoir quelle valeur le juge attribuera un
« jour à l'usufruit que le disposant veut donner à son époux ?
« Et, cependant, la question a pour lui le plus grand intérêt ;
« car si la quotité de l'art. 913 doit être réputée la plus
« forte, comme l'excédant ne peut profiter qu'à l'enfant pré-
« ciputaire, il faut nécessairement que le donateur com-
« mence par disposer en faveur de son époux, s'il veut jouir

« de toute l'étendue de la quotité disponible. Si, au contraire,
« la quotité de l'art. 1094 doit être réputée la plus forte, il
« faut qu'il gratifie en premier son enfant, afin de pouvoir
« donner tout l'excédant à son époux qui a seul le droit d'en
« profiter. Que fera donc le disposant au milieu de cette
« obscurité à travers laquelle personne ne pourra le guider?
« Il sera obligé de s'en rapporter au hasard et, malgré tout
« son désir de se conformer à la loi, il se verra dans l'im-
« possibilité d'assurer la validité de ses dispositions. »
Réquier, Quotité disponible, § 2.

Qu'on ne nous réponde pas que les tribunaux apprécient
habituellement l'usufruit à la moitié de la propriété. Nous
avons démontré plus haut le vice de ce mode de calcul qui
ne saurait constituer un argument en faveur du système
que nous combattons.

MM. Réquier et Demolombe ont été émus de ces inconvénients et ils proposent un nouveau moyen de combiner
les art. 913 et 1094 quand il y a deux enfants. L'époux
donateur, disent-ils, pourra toujours disposer au profit de
son conjoint d'une moitié en usufruit. Cette donation en
usufruit s'imputera pour un tiers sur le disponible de
l'art. 913 et pour une moitié moins un tiers, c'est-à-dire
pour un sixième, sur le disponible de l'art. 1094. Donc, la
nue propriété du tiers disponible en vertu de l'art. 913 reste
libre et peut être attribuée à un enfant ou à un étranger.

« Mais, dira-t-on, vous cumulez ainsi les deux quotités,
« puisque les libéralités réunies, s'élevant à un tiers en
« pleine propriété, plus un sixième en usufruit, excèdent
« également et le disponible de l'art 913 et celui de
« l'art. 1094. Or, ajoute-t-on, il est de règle générale et
« absolue que toutes les libéralités réunies ne doivent
« jamais dépasser la plus forte des deux quotités. »

« Nous en convenons, cette prétendue règle est manifeste-
« ment violée Mais, où est-elle écrite ? L'a-t-on trouvée dans

« la loi? On l'y chercherait en vain , c'est la jurisprudence
« qui l'a inventée; Toullier l'a formulée en axiome de droit ;
« tout le monde l'a bientôt acceptée comme étant la seule
« barrière que l'on pût opposer au cumul. Il faut bien le
« reconnaître, en effet ; du moment qu'on admettait qu'il y
« avait deux quotités disponibles distinctes et indépendantes
« l'une de l'autre, celle de l'art. 913 et celle de l'art. 1094,
« la loi n'ayant pas défendu de les cumuler, il était absolu-
« ment nécessaire de suppléer à son silence par une règle
« qui prohibât ce cumul, sans quoi rien ne pouvait plus
« arrêter le débordement des libéralités excessives et la
« réserve était annihilée. Mais, si l'on eût mieux compris le
« véritable sens de l'art. 1094; si l'on eût cherché, soit dans
« le rapprochement de ses deux dispositions, soit dans les
« travaux préparatoires du Code, la pensée des auteurs de
« cet article, on aurait reconnu que leur intention n'était
« pas de créer deux quotités disponibles en propriété, mais
« une seule qui, dans l'origine, était la même pour tous ; que
« l'art. 1094 avait alors pour unique but de permettre à
« l'époux de donner à son conjoint, outre la quotité disponi-
« ble ordinaire, l'usufruit de la réserve en tout ou en partie;
« que le sens de cet article est encore le même, malgré le
« changement introduit dans la disposition de l'art. 9'3 ; que
« si, par suite de ce changement, l'époux qui a des enfants
« ne peut plus donner dans tous les cas à son conjoint toute
« la propriété de la portion disponible fixée par l'art. 913,
« ce qu'il est autorisé à lui donner en vertu de l'art. 1094,
« c'est toujours tout ou partie de la quotité disponible ordi-
« naire avec la faculté d'y ajouter un supplément d'usufruit
« à prendre sur la réserve des enfants.

« Le sens de l'art. 1094 ainsi bien fixé, le cumul tau
« redouté devient impossible par la force des choses. Car
« si l'art. 1094 ne fait que permettre à l'époux de donner à
« à son conjoint tout ou partie de la quotité disponible
« fixée par l'art 913 en y ajoutant, dans certains cas, une

« portion de l'usufruit de la réserve, il est bien évident que
« celui qui a déjà donné cette quotité à l'un de ses enfants,
« en vertu de l'art. 913, ne pourra plus la donner à son
« époux en vertu de l'art. 1094, et réciproquement, puisque
« ce serait donner deux fois la même chose. On comprend,
« dès lors, que la loi n'ait pas eu besoin de prohiber ce
« double emploi repoussé par le simple bon sens.

« Il était donc inutile d'inventer la règle qu'on nous op-
« pose pour empêcher un cumul rendu impossible par la
« force des choses. Or, comme cette règle n'est écrite dans
« aucune disposition de la loi, comme elle n'avait d'autre
« raison d'être que sa prétendue nécessité, nous sommes
« autorisé à la rejeter. » (Réquier, § 3, à la fin.)

Malgré le talent avec lequel il est exposé, nous doutons que
ce système réussisse. Il blesse trop ouvertement le principe
de non cumul, qu'il essaie, non sans raison peut-être, de
renverser, et il ne faut pas oublier que ce principe est un
des rares points sur lesquels sont d'accord, dans cette discussion, les auteurs des autres systèmes.

Que prouve tout cela? Evidemment, que la loi n'est pas suffisamment claire et que, d'autre part, le système de la jurisprudence, aussi stable aujourd'hui qu'une loi, ne saurait en
tenir lieu. C'est pourquoi, au moment de terminer notre tâche
en faisant un choix parmi tous ces divers systèmes, nous nous
sentons plus que jamais hésitants. Chacun d'entre eux nous
plaît en quelques points, aucun d'eux ne saurait nous satis-
faire d'une façon absolue. Nous ne reviendrons pas sur des
inconvénients que nous n'avons que trop longuement signa-
lés; qu'il nous soit permis seulement d'exprimer le vœu
qu'une réforme législative vienne trancher au plus tôt une
question insoluble.

En attendant cette réforme, nous n'hésiterons pas à reproduire, après MM. Benech et Demolombe, les moyens d'éviter
les inconvénients qu'entraîne avec lui le système de la juris-

prudence. Que si quelqu'un s'étonnait de voir afficher ainsi au grand jour un moyen d'éviter les conséquences d'un texte de loi, nous lui répondrions que nous évitons non pas le texte, mais les conséquences erronées qu'en tire la jurisprudence, et nous nous retrancherions derrière l'autorité de M. Demolombe, qui n'est pas homme à enseigner les moyens de frauder la loi. Voici donc les différents procédés qui permettront d'échapper à la jurisprudence de la Cour de cassation :

Si la donation est déjà faite et a été faite en usufruit par contrat de mariage, le conjoint donnera un quart en nue propriété à son enfant, puis il refera la donation d'une moitié en usufruit au profit de son conjoint. Au décès du donateur, le conjoint donataire renoncera à la donation qui lui a été faite par contrat de mariage et il acceptera l'autre. Dès lors, l'enfant ayant été gratifié premier en date, les deux donations sortiront leur effet. On a bien dit que les tribunaux feraient justice de cette fraude ; mais, en 1863, la Cour de cassation, appelée à se prononcer dans l'espèce que nous étudions, a déclaré qu'il n'y a nullement fraude, lorsqu'on a deux titres de créance à choisir, l'un ou l'autre, suivant qu'on le désire (S., 63, 1, 417).

Si la donation a été faite pendant le mariage, le donateur la révoquera ou bien déclarera qu'il veut qu'elle ne soit exécutée qu'après la donation qu'il a faite à un tiers. La validité de cette dernière clause n'est pas douteuse. Celui qui peut révoquer à son gré peut bien stipuler une condition potestative.

Pour les donations à faire à l'avenir par contrat de mariage, on ne stipulera pas, comme on l'a fait quelquefois, qu'on se réserve de disposer au profit d'un tiers du complément de l'art. 1094, car cette clause serait inutile. En effet, on pourrait bien se réserver le droit de disposer postérieurement au profit d'un tiers d'une partie de ce qu'on donne actuellement au conjoint (art. 1086); mais ce serait sortir du texte que stipuler le droit de donner de la nue propriété à un tiers, quand on donne de l'usufruit au conjoint. Au lieu de cette clause inutile, on déclarera « *que si on dispose d'un quart en nue propriété ou d'une quotité inférieure* en faveur d'un enfant à naître ou d'un étranger, cette libéralité prendra rang avant celle qu'on vient de faire au futur conjoint, celui-ci ne devant être payé que le dernier. » (Benech.) Le conjoint ne saurait se plaindre, puisque, dans tous les cas, cette clause sera sans effet sur la donation qui lui est faite. D'une autre part, nous savons que les donations entre époux par contrat de mariage peuvent être faites sous condition potestative.

Enfin, pour les donations qu'on fera à l'avenir pendant le mariage, on aura soin de ne gratifier le conjoint qu'en seconde ligne ou, si on a négligé cette précaution, on révoquera cette donation, quitte à la refaire quelques jours après celle au tiers.

Puisque les deux disponibles sont susceptibles de se combiner ensemble, il nous reste à rechercher, pour être complet, ce qui arrivera lorsque l'ensemble des libéralités excédera la quotité disponible la plus forte ; en d'autres termes, quelles sont les règles d'après lesquelles s'opérera la réduction des donations excessives. Le chapitre des donations entre époux est muet sur ce point ; nous devons donc nous reporter aux règles générales.

Tout d'abord, il est bien évident que chaque donation doit être ramenée au montant du disponible qui lui est propre.

Si les donations ont été faites par actes entre-vifs successifs ou les unes par actes entre-vifs, les autres par testament, c'est-à-dire si les donations ont des dates différentes, on appliquera l'art. 923 et on réduira en commençant par la dernière ; il ne peut donc pas y avoir de difficultés.

Mais les donations peuvent avoir été faites par un seul acte entre-vifs ou par testaments, elles ont alors même date et doivent être réduites au marc le franc. La question devient plus délicate, si aucune des donations n'excède le disponible qui lui est spécial. On a proposé deux modes de réduction.

I. — Le premier consiste à faire entrer dans la masse tous les biens qui peuvent être aliénés en vertu du disponible le plus fort et à faire concourir ensuite tous les donataires sur cette masse.

Pour prendre un exemple :

Le donateur a un patrimoine de 20,000 fr. et laisse trois enfants. Il lègue l'usufruit de moitié à sa femme et la quotité disponible ordinaire à son fils aîné. Pour simplifier le raisonnement, nous supposerons que l'usufruit vaut la moitié de la propriété. La femme et l'enfant aîné ont donc même vocation.

Le plus fort disponible est un quart en propriété, savoir : 5,000 fr. plus un quart en usufruit équivalant à un huitième en propriété, c'est-à-dire à......................... 2.500 fr.

La masse disponible sera donc.................... 7.500

La femme prendra d'abord les 2,500 fr. qui représentent le quart en usufruit et auquel elle a seule droit, puis elle complétera sa part en prenant 1,250 fr. sur la masse.

Dès lors, il restera au fils aîné.................... 3.750 fr.

Et la femme aura reçu............................ 3.750

Ce mode de former la masse et de procéder au partage ne peut résister à un examen de quelques instants. Pourquoi fait-on entrer dans la masse tout le disponible de l'art. 1094? C'est faire concourir le fils aîné sur une masse dans laquelle sont entrés des biens sur lesquels il n'a aucun droit et, par ce concours, léser l'époux donataire.

II. — Il vaut mieux employer le second système que voici :

L'époux donataire, dit-on, a seul droit au disponible spécial de l'art. 1094 ; aussi commencera-t-il par le prélever, puis il concourra avec le tiers donataire sur le disponible ordinaire.

Reprenons l'exemple de tout à l'heure.

Le donateur laisse trois enfants et un patrimoine de 20,000 fr. Par un testament, il institue sa femme légataire de l'usufruit de moitié et son fils aîné légataire de la quotité disponible.

Nous supposons toujours que l'usufruit vaut la moitié de la pleine propriété.

La femme prélévera en usufruit en vertu de l'art. 1094 . . . . 5,000 »

Puis, sur le disponible ordinaire, elle a droit encore à un quart d'usufruit valant un huitième de propriété. . . . . 2,500 »

L'enfant aîné a droit à. . . . . 5,000 »

Donc tous deux réclament 7,500 francs et, comme le disponible n'est que de 5,000 francs, chacun d'eux subira une réduction d'un tiers.

La femme prendra une valeur de. 1,666 66

Le fils aîné 3,333 33

Mais, la part de la femme ne devant contenir que de l'usufruit, les 1,666 fr. 66 se convertissent en l'usufruit de 3,333 fr. 33, ce qui, joint à l'usufruit des 5,000 francs qu'elle avait déjà, complète l'usufruit d'une somme de 8,333 »

Il est bien entendu que, dans tous les calculs qui précèdent, nous nous sommes placé au point de vue de la Cour de cassation, car, d'après les systèmes de MM. Aubry et Rau ou Demolombe, il n'y aurait pas eu lieu à réduction.

Pour terminer ce sujet de la réduction, il ne sera peut-être pas sans intérêt de rapporter ici une espèce toute particulière qui s'est présentée plusieurs fois devant la Cour de Caen.

Si l'un des conjoints a donné à l'autre la pleine propriété de tous ses meubles et l'usufruit de tous ses immeubles, cette donation est évidemment excessive, mais comment la réduira-t-on ?

I. — M. Bertauld propose le mode suivant :

La donation ci-dessus est double dans son objet ; on peut la décomposer en une donation du mobilier en toute propriété et une donation des immeubles en usufruit seulement. Dès lors, quoi de plus simple que d'appliquer distributivement les règles de l'art. 1094, puisque ce texte fixe une double quotité disponible en propriété et en usufruit. On réduira donc la donation du mobilier à un quart en toute propriété, plus un autre quart en usufruit, et la donation en usufruit des immeubles ne s'exécutera que pour moitié.

Ce système est conforme à l'esprit de la loi, conforme à son texte et conforme, enfin, à l'intention évidente du donateur de conserver les immeubles dans sa famille. Voilà pourquoi M. Bertauld soutient qu'on doit l'appliquer toutes les fois que le testateur n'a pas manifesté expressément ou tacitement la volonté qu'on en appliquât un autre.

Mais son avis n'est pas universellement admis; certains auteurs ont fait remarquer que ce système n'attribuait pas au donataire la quotité disponible la plus forte de l'art. 1094 ; qu'en outre, il faisait deux masses distinctes des biens, contrairement à l'art. 922. Partant de là, on a imaginé d'autres combinaisons.

II. — Celle qui vient d'abord à l'esprit, la formation d'une seule masse totale sur laquelle le donataire prélèverait un quart en propriété et un quart en usufruit, a été proposée par le Tribunal de Vire. Mais la Cour de Caen a repoussé ce système avec raison. L'art. 917 n'est pas applicable en la matière, et la solution proposée était contraire à la volonté du donateur.

III. — Devant cette même Cour de Caen, M. l'avocat général Farjas proposa :

1° D'attribuer au donateur la pleine propriété du mobilier jusqu'à concurrence du quart ;

2° De réduire l'usufruit au quart des immeubles.

Mais pourquoi cette limitation de l'usufruit à un quart des immeubles. C'est à tort que l'auteur de ce système semble croire que le don d'usufruit ne peut jamais excéder un quart, cela n'est vrai que lorsque la donation en propriété est elle-même d'un quart. La vérité est que le conjoint peut toujours recevoir une moitié en usufruit et un quart en nue propriété, car c'est ainsi qu'on peut décomposer le disponible le plus fort de l'art. 1094.

VI. — Cela a sans doute déterminé la Cour de Caen à adopter le dernier système que nous allons exposer. Le donataire recevra le mobilier en pleine propriété jusqu'à concurrence d'un quart. Il recevra aussi l'usufruit d'un quart des immeubles. Enfin, s'il n'a pas reçu en mobilier la pleine propriété d'un quart de la succession, il touchera sur les immeubles un usufruit suffisant pour parfaire à son profit l'usufruit de la moitié de la succession.

Un exemple fera bien saisir la différence entre les résultats des divers systèmes. Supposons que le testateur laisse à son décès 20,000 francs de meubles et 80,000 francs d'immeubles.

D'après M. Bertauld, le donataire touchera : Sur les meubles, 5,000 francs en propriété et 5,000 francs en usufruit ; sur les immeubles, l'usufruit de 40,000 fr.

D'après M. Farjas, il aurait droit à 20,000 francs de meubles en propriété et à 20,000 francs d'immeubles en usufruit.

Enfin, la Cour de Caen lui attribuerait 20,000 francs de meubles en propriété et 30,000 francs d'immeubles en usufruit.

Tels sonts les divers systèmes qui ont été présentés sur cette question. Au cours de cette exposition, nous avons indiqué les causes qui nous font rejeter celui du Tribunal de Vire et celui de M. Farjas ; il ne nous reste donc plus à examiner que celui de M. Bertauld et celui de la Cour de Caen, défendu aussi par M. Billaudelle.

Tout d'abord, celui de M. Bertauld a quelque chose qui séduit, et nous avons indiqué les causes de faveur qui sembleraient le désigner à notre choix, si, à côté d'elles, il n'existait pas de graves raisons contraires de décider. L'époux donataire ne recevra pas le disponible le plus fort de l'article 1994, cela mérite considération. En outre, la volonté du donateur est-elle bien interprétée? Nous ne le croyons pas. Sans doute, il a voulu que les immeubles ne sortissent pas de sa famille, mais, en même temps, il a affirmé énergiquement la résolution de donner à son conjoint tout ce qui serait possible, pourvu que la première condition, la conservation des immeubles patrimoniaux, restât sauvegardée. Cela résulte des termes de la donation. Or, ici, nous devons nous attacher à obéir au disposant en respectant la loi. Le second système nous parait aboutir parfaitement à ce résultat. Le conjoint donataire ne recevra jamais plus d'un quart en propriété et d'un autre quart en usufruit, et il recevra dans cette limite tout ce qui sera possible en conservant les immeubles à la famille.

C'est en vain que M. Bertauld nous objecte que nous faisons deux donations d'une donation unique. Cet argument est plus fort contre son système que contre le nôtre. Et, comme nous avons démontré que nous suivons l'intention du donateur plus strictement que lui, il ne nous reste plus qu'à prouver que nous ne transformons nullement un legs de propriété en un legs d'usufruit.

Il y aurait transformation si nous remplacions par un usufruit la nue propriété à laquelle le donataire aurait droit et qu'il ne recueille pas parce qu'elle n'existe pas en mobilier. Mais ce n'est pas ce que nous faisons. Au cas, par exemple, où le donataire n'a reçu qu'un huitième en propriété mobilière, nous lui attribuerons sur les immeubles l'usufruit de trois huitièmes afin de parfaire l'usufruit de moitié de la succession; mais il ne touchera rien pour la nue propriété du huitième auquel il aurait eu droit en sus de ce qu'il a reçu. Il n'y a donc pas transformation; le donataire touche dans les limites de sa vocation et dans les limites de la loi, ce qui nous décide à adopter ce système.

II. — *Il y a des enfants d'un précédent lit.*

Dans le chapitre précédent, nous venons de voir le législateur limiter le droit de disposition de l'époux au profit de son conjoint lorsqu'il existe des enfants issus du mariage. Mais, si l'on a dû craindre qu'un père n'avantageât son conjoint au détriment de leurs enfants communs, il était bien plus à redouter qu'il n'eût pas le courage de défendre les enfants de son premier lit contre la cupidité de son nouvel époux. Il arrive, en effet, trop souvent que le père ou la mère qui s'est remarié oublie ses devoirs envers les enfants qu'il avait déjà au moment de son second mariage et que, complètement soumis à l'influence de son nouveau conjoint, il cherche à le favoriser au-delà de toute mesure. Un fait aussi fréquent et aussi dangereux ne pouvait échapper au législateur, et, en s'en occupant spécialement, les rédacteurs du Code Napoléon n'ont fait que suivre l'exemple de leurs devanciers. Si l'empereur Auguste, faisant tout plier au désir de repeupler l'Empire romain, avait favorisé sans mesure les seconds mariages, le christianisme était venu bientôt réagir contre cette tendance, et la législation du Bas-Empire porte plus d'une trace de l'intérêt qu'inspiraient les enfants du premier lit. Théodose le Grand avait décidé par la loi *Feminœque (De secundis nuptiis*, l. 3, au Code) que la femme qui se remariait devait conserver les biens qu'elle tenait de son premier époux pour les remettre aux enfants du premier mariage. Ceux-ci avaient contre elle une garantie hypothécaire. Théodose et Valentinien étendirent l'effet de la loi *Feminœque* à l'homme veuf qui se remariait. Mais le veuf ou la veuve remarié pouvait distribuer ces biens aux enfants du premier lit, à leur guise; Justinien décida que cette distribution devait être faite par parts égales.

Ce n'était pas tout que d'avoir assuré à ces enfants la fortune de leur auteur prédécédé; ils avaient à la fortune de leur auteur remarié les mêmes droits que leurs frères consanguins ou utérins, et il importait de ne pas les en laisser dépouiller au profit du nouveau conjoint. La loi *Hâc Edictali De secundis nuptiis*, l. 6, au Code) para à cet inconvénient. Aux termes de ce texte, le nouveau conjoint ne pouvait recevoir qu'une part d'enfant légitime le moins prenant. Les libéralités excessives étaient réductibles à cette quotité.

Quoique modifié et adouci par les constitutions canoniques d'abord, puis par les lois civiles, le Droit romain faisait loi en cette matière, dans nos pays de Droit écrit. Rien de semblable n'existait en pays de coutume, lorsque, vers 1560, un fait se produisit qui fit grande rumeur et, en définitive, fut la cause ou au moins le prétexte du célèbre Édit des secondes noces. Une dame Anne d'Alègre, ayant déjà sept enfants d'un premier lit « et ne connaissant pas être recherchée plus pour ses biens que pour sa personne », se remaria avec Messire Georges de Clermont, qui abusa de sa passion pour se faire consentir une donation énorme. Le chancelier de l'Hôpital profita de cette occasion et proposa au roi François II un édit qui prit le nom d'Édit des secondes noces. Le premier chef de cet édit reproduisait la loi *Hâc Edictali* et li-

mitait par conséquent la quotité disponible au profit du
second époux à une part d'enfant légitime moins prenant. Il
résulta bientôt d'une jurisprudence unanime que ce texte,
quoique ne parlant que des veuves, devait s'appliquer aux
veufs remariés. Il était donc déjà prouvé qu'il y a, sur ce fait :

Bon nombre d'hommes qui sont femmes.

Le second chef reproduisait la loi *Feminæque* et défendait au conjoint remarié de disposer des biens qu'il tenait du
premier époux tant que vivraient les enfants du premier lit.

Les rédacteurs du Code Napoléon n'ont pas transporté
dans notre Droit cette dernière règle, et cela se conçoit, car
ç'aurait été : établir une inégalité entre les enfants d'un
même individu (art. 745), rechercher l'origine des biens
(art. 732) et organiser une hérédité fideicommissaire
(art. 745, 732, 896), triple inconséquence avec les principes
de notre droit. Ils se sont contentés de limiter la quotité
disponible au profit du nouveau conjoint à une part d'enfant
légitime le moins prenant, sans que cette part puisse jamais
excéder un quart de la succession. Ils ont ajouté cette dernière entrave, ne trouvant pas convenable que l'époux donataire, s'il n'y avait qu'un ou deux enfants, pût recevoir la
moitié ou le tiers de la succession.

Avant d'entrer dans l'étude de l'art. 1098, il importe de
bien préciser la nature de cette disposition. Au point de vue
de la morale, cette règle n'a pas été édictée en haine des seconds
mariages, mais dans le seul but de protéger les enfants du
premier lit. Au point de vue du droit, ce n'est pas une règle
de capacité, mais une règle de disponibilité. Ce texte établit
une réserve au profit des enfants du premier lit. Ce n'est
donc qu'au décès du donateur que l'on pourra savoir s'il a
excédé son droit de disposition ; ce n'est qu'à cette époque
que les enfants réservataires pourront attaquer les libéralités
excessives de leur auteur. Même alors, ils ne pourront agir
qu'en tant qu'héritiers, ce qui implique qu'ils seront survi-

vants, acceptants et non indignes. Nous ne pouvons donc
admettre l'opinion de certains auteurs qui enseignent que
ces enfants ont le droit de survenir dans l'instance en séparation de biens des deux époux pour veiller à la conservation de leurs droits, pas plus que nous ne suivrons
M. Troplong lorsqu'il affirme que l'enfant n'a pas besoin
d'être héritier pour faire réduire les libéralités excessives.
Sans doute, telle était la règle de notre ancien Droit coutumier et cependant ce droit admettait la maxime : *non habet
legitimam, nisi qui hæres est* ; mais ce fait bizarre s'expli-
quait historiquement.

Le Droit romain avait considéré les enfants comme ayant
droit à la réserve non pas en tant qu'héritiers, mais en tant
qu'enfants. L'Édit des secondes noces n'ayant fait qu'étendre
aux pays coutumiers la règle romaine, celle-ci fut importée
telle quelle. Mais, aujourd'hui, on ne saurait raisonner de la
même façon, car la réserve est une portion de la succession
ab intestat, et on ne peut pas acquérir la succession *ab intestat* sans être héritier. C'est donc à tort que M. Troplong
accorde ici aux enfants un droit d'agir en réduction, *jure
sanguinis, jure naturali ;* ce n'est pas là un mode d'acquérir
dans notre Droit.

Pour que l'art. 1098 trouve son application , il faut :

1° Qu'il y ait en cause un veuf ou une veuve ayant des
enfants d'une première union ;

2° Que ce veuf ou cette veuve se soit remarié ;

3° Qu'il ait fait des donations à son nouvel époux.

De quels enfants est-il question ?

Il est bien certain, d'abord, que la présence d'un enfant
d'un premier lit est suffisante et qu'un petit enfant repré-
senterait les droits de son auteur. De même, la loi est formelle pour assimiler l'enfant légitimé à l'enfant légitime;
enfin, la maxime *puer conceptus.....* nous démontre clai-

rement qu'un enfant simplement conçu doit entrer en ligne de compte.

Mais la question est plus délicate lorsqu'il n'y a qu'un enfant adoptif. Certainement, l'art. 350 assimile d'une façon générale l'enfant adoptif à un enfant légitime pour ce qui concerne les droits de succession. Toutefois, on peut soutenir que l'art. 10 8 ne semble pas s'occuper de l'enfant adoptif, lorsqu'il parle d'enfants d'un précédent lit, et, en outre, « la loi qui a craint que l'adoption ne détournât du mariage « n'a certainement pas voulu être défavorable à celui qui, « après avoir adopté, chercherait dans le mariage une « famille naturelle plus profondément identifiée avec lui- « même. » (Troplong.)

Telles sont les raisons qui déterminent la plupart des auteurs à ne pas considérer la présence d'un enfant adoptif comme suffisante pour l'application de l'art. 1098.

C'est aussi l'argument tiré des mots : d'un précédent lit, qui nous empêchera de nous contenter de la présence d'un enfant naturel au premier ou au deuxième degré.

Mais personne ne doute que l'art. 1098 s'applique au profit des enfants d'un second lit, contre le troisième conjoint de leur auteur, et ainsi de suite ; la loi semble même avoir prévu spécialement cette hypothèse.

L'art. 1098 ne limite la capacité de l'époux donateur qu'à l'égard du nouveau conjoint ; sa capacité à l'égard des tiers reste soumise aux règles générales. Si certaines personnes sont considérées comme incapables par l'art. 1100, c'est que la loi a craint qu'elles ne fussent interposées. Entre les époux, l'art. 1098 doit être appliqué avec une rigueur extrême. Inutile de dire qu'il importe peu de rechercher comment la donation a été faite, si c'est par acte entre-vifs ou testamentaire, par contrat de mariage ou d'une autre façon. La limitation écrite frappera les donations faites avant le mariage, mais en vue de celui-ci. Il y a là une question de fait soumise à l'appréciation souveraine des tribunaux. Elle frappera aussi les donations rémunératoires ou avec charges, déduction faite de la valeur du service rendu. Bien plus, les donations mutuelles, même les donations indirectes, intentionnelles ou non, y seront soumises. Il convient, à ce propos, de parler de certaines donations indirectes, celles qui résultent du contrat de mariage. Ces avantages sont considérés en général comme résultant d'un contrat à titre onéreux ; exceptionnellement, on les considérera comme acquis à titre gratuit s'il y a des enfants d'un premier lit et on les réduira si le disponible de l'art. 1098 a été dépassé (art 1496). Cette théorie que nous ne faisons qu'indiquer, a été développée par Toullier, n°* 891 et suivants (*Don. entre ép.*), et par MM. Rodière et Pont, dans leur commentaire du contrat de mariage.

La quotité des biens disponibles, aux termes de l'art. 1098, doit remplir trois conditions :

Ce ne peut être :

1° Qu'une part d'enfant ;

2° Une part d'enfant le moins prenant ;

3° Au plus, égale à un quart de la succession.

I. — Nous savons déjà que l'enfant dont il est question est un enfant légitime et que, par conséquent, la part disponible est une part d'enfant légitime. Mais on comptera indifféremment les enfants de l'un ou l'autre lit (art. 745) existants à l'ouverture de la succession, acceptants et non indignes. Nous ne reviendrons pas, à ce sujet, sur ce que nous avons dit un peu plus haut. Les enfants adoptifs compteront et aussi les enfants naturels pour leur part, c'est-à-dire que ces derniers commenceront par retirer leur part héréditaire, exactement comme un enfant légitime prélèverait un legs qui lui aurait été fait par préciput.

En pratique, cette donation entre époux se fait ordinairement par contrat de mariage, en reproduisant les termes de la loi. Le disposant déclare donner à son futur conjoint « une part d'enfant. » Mais ces termes n'ont rien de sacramentel et, que le donateur les ait employés, ou bien qu'il ait attribué à son conjoint une somme d'argent ou un corps certain, le mode d'évaluation de la part d'enfant restera toujours le même. On composera la masse d'après les règles ordinaires (922 et s.) et l'on considérera le conjoint donataire comme un enfant de plus. Par exemple : s'il y a cinq enfants, on fera six parts, chaque enfant en aura une et le conjoint prendra la sixième.

Cependant, au cas où la libéralité a pour objet un corps certain ou une somme d'argent, il s'est élevé une difficulté : Supposons que l'époux donataire a reçu une donation excessive, il y aura lieu à réduction; mais, que fera-t-on du produit de cette réduction ? le repartira-t-on entre l'époux et les enfants, ou entre les enfants seulement ? Par exemple : Titius ayant quatre enfants d'un premier lit, se remarie et décède laissant : les quatre enfants, son nouvel époux légataire universel et une fortune de 80,000 francs. « Le « quart disponible est de 20,000 francs, la réserve est de « 6,000 francs. Cette réserve, partagée entre les quatre en- « fants, donne 15,000 francs pour chacun. La part d'enfant « le moins prenant est donc de 15,000 francs, et l'institution « universelle de la femme qui, si elle eût été faite à un « étranger, eût pu comprendre les 20,000 francs disponibles « sera réduite à 15,000 francs.

« Les 5,000 francs restant seront partagés entre les en- « fants et augmenteront la part de chacun de 1,250 francs.

« En résultat, les enfants auront : 15,000 francs pour part « de réserve.
1,250 francs pour part « de réduction.

En total : 16,250 francs.

« La femme devra se contenter de 15,000 fr. seulement. »

M. Troplong, dans le paragraphe qui précède, attribue le produit de la réduction aux enfants à l'exclusion du conjoint. Mais, répond M. Demolombe, le conjoint vous dira : Il y a quatre enfants ; je dois être assimilé à un enfant ; dès lors, comme il n'y a pas de legs à un étranger, j'ai droit à un cinquième de la succession, soit $\dfrac{80,000}{5} = 16,000$ francs, et chaque enfant aura, comme moi, 16,000 francs.

C'est en vain qu'on objecte contre ce système qu'il était repoussé par l'Édit des secondes noces ; ce n'est pas, aujourd'hui, cette législation qui nous régit, et la solution de M. Troplong ne saurait y trouver un appui suffisant. On ne pourrait pas non plus tirer argument de l'art. 921, qui dénie au légataire le droit de demander la réduction. Le conjoint ne demande pas la réduction, il demande au contraire à ne pas être réduit. Ce cas est tout à fait analogue à celui que nous examinerons quelques pages plus loin et où le conjoint donataire demande que l'on apprécie dans la masse les biens donnés à un enfant en avancement d'hoirie ; or, dans ce dernier cas, on ne pourrait pas dire que le conjoint donataire demande le rapport. Mais si l'art 921 ne touche en rien notre système, celui qui le suit immédiatement, l'art. 922, déclare que la quotité disponible doit être calculée sur tous les biens existant au décès. Il n'est pas besoin de démonstration pour voir que ce texte est violé par le système de M. Troplong. Enfin, ce système n'attribue pas à l'époux la part d'enfant de l'art. 1098 ; au contraire, plus grande sera la part qu'aura voulu faire le donateur, plus petite sera celle que touchera le donataire. Il est vrai que M. Troplong donne une explication de ce fait bizarre. Sans doute, dit-il, l'époux donateur pouvait donner 16,000 francs ; mais c'est précisément parce qu'il a voulu donner plus qu'il ne pouvait qu'il a donné moins. Il y a eu contravention et l'époux donataire doit en être puni comme complice. Ainsi donc, de son auto-

rité. M. Troplong décrète une peine qui n'est écrite nulle
part et pour arriver à ce résultat, il viole des textes formels,
Est-il au moins bien sûr qu'il y a eu contravention? En fait,
cela est évident, mais le résultat n'a-t-il pas trompé les
désirs du donateur. Quand il faisait un legs de 20,000 francs
cet homme se rendait-il bien compte qu'il n'en possédait que
80,000 et qu'il excédait la quotité disponible? On pourrait en
douter; car, s'il avait voulu arriver à ce résultat, il était bien
naïf de courir à une réduction certaine, au lieu d'employer
tant d'autres moyens qui rendent la fraude difficile à découvrir, tels que : Donations indirectes ou déguisées, personnes
interposées, donations manuelles. Ne doit-on pas présumer
plutôt qu'il a voulu seulement affirmer sa volonté de donner
à son conjoint tout ce que celui-ci pouvait recevoir?

II. — Le conjoint donataire ne peut jamais être assimilé
qu'à l'enfant le moins favorisé ; mais la part d'enfant le moins
prenant dont parle l'art. 1098 est une part d'enfant le moins
prenant en droit et non pas une part d'enfant le moins prenant en fait. Je m'explique. Il peut se faire qu'un enfant ait
reçu, sans clause de préciput et hors part, un legs inférieur
à sa part de réserve et que cependant il s'en contente et ne
réclame rien plus. Le conjoint donataire n'en recevra pas
moins ce qu'aurait pu réclamer l'enfant et non pas ce qu'il a
reçu. Il serait autrement trop facile aux enfants d'éluder la
loi et d'annihiler le disponible au profit du second
époux.

III. — Enfin la loi a posé une dernière limitation aux libéralités entre époux ayant déjà des enfants d'un précédent
mariage. Elle a considéré que ce nouvel époux serait suffisamment favorisé s'il recevait un quart du patrimoine de
son conjoint et elle a fixé à cette quotité le disponible
maximum.

Il semble difficile, à premier abord, qu'une disposition aussi
précise et aussi claire ait laissé passage à une discussion ;

cependant, à ce point de vue même, des difficultés ont surgi. Qu'on suppose que le disposant ait attribué au donataire « une part d'enfant, » et qu'au jour du décès de ce disposant, il n'y ait aucun enfant en concours avec le conjoint, quelle sera la part de celui-ci ?

La question n'est pas nouvelle et nos anciens auteurs l'ont longuement débattue. Les uns prétendaient que la part d'enfant absorbait tout le patrimoine. D'autres soutenaient que lorsqu'il n'y a pas d'enfants il ne saurait y avoir de part d'enfant et déniaient tout droit au donataire. L'opinion la plus autorisée accordait au conjoint la moitié de la succession. Le donateur a donné une part d'enfant, disaient Voët et Pothier, il n'a donc pas voulu donner tout son patrimoine ; mais cette part est indéterminée ; il faut donc appliquer la loi 164, § 1 au Digeste (*de Verb. Signif.*) « *Si non fuerit portio adjecta, dimidia pars debetur.* »

Aujourd'hui, le Code n'admet pas que la part d'enfant dépasse un quart. On devra donc en règle générale limiter, dans le cas qui nous occupe, le droit du donataire à un quart de la succession. Cependant il ne faut pas oublier la grande règle d'interprétation des testaments : que l'on doit surtout rechercher la volonté de l'auteur de la libéralité, et s'appliquer à lui faire produire son effet. Il pourra donc se présenter telle espèce dans laquelle la part d'enfant embrassera tout le patrimoine.

A côté de cette question nous en trouvons une autre tout aussi ancienne et qui, elle aussi, a beaucoup perdu de son intérêt pratique. Quand un homme s'est remarié plusieurs fois, que décider ? A-t-il pu donner à chaque nouveau conjoint une part d'enfant, ou bien n'a-t-il pu disposer que d'une seule part d'enfant, divisible à son gré entre ses divers conjoints ? On a à peu près renoncé à soutenir la première opinion ; et la seconde, qui avait déjà pour elle l'autorité de Pothier, a recueilli les suffrages des auteurs les plus sérieux

9

et les plus récents. Nous n'insisterons pas sur ce point qui
ne fait plus discussion, et nous nous contenterons de signaler
l'inconséquence du système opposé, grâce auquel la protec-
tion de l'art. 1098 disparaîtrait à mesure qu'elle deviendrait
plus nécessaire. Rappelons toutefois que certains auteurs
ont soutenu un système mixte d'après lequel chaque nouvel
époux aurait pu recevoir une part d'enfant, pourvu que
toutes ces libéralités réunies n'excédassent pas un quart du
patrimoine.

La quotité disponible dont nous venons d'étudier les bases
et à laquelle nous venons d'assigner des limites se calcule,
d'après les règles générales, sur les biens que le donateur
laisse à son décès, quand ce donateur n'a pas fait d'autres
libéralités.

Si le disposant a avantagé l'un de ses enfants, il faut faire
une distinction : cette donation peut être par préciput et
hors part ; dans ce cas, on la prélève avant la formation de
la masse ; elle peut être simplement en avancement d'hoirie,
alors elle devra faire partie de la masse. Ici, une question
s'est posée : quand les cohéritiers du donataire ne réclament
pas le rapport, quelle sera la situation du conjoint ; perdra-
t-il le bénéfice du rapport qui aurait dû être fait? Nullement.
Il pourra exiger que la donation en avancement d'hoirie
soit comprise dans la masse. On s'est récrié contre cette
solution. L'art. 857, a-t-on dit, déclare formellement que
le rapport n'est pas dû aux légataires ni aux créanciers de
la succession. Nous répondrons, avec Troplong et Demolombe, qu'il ne faut pas confondre le rapport réel qui rétablit
l'égalité entre les héritiers avec le rapport fictif ou simple
évaluation dans la masse de l'objet donné. La femme veille
à ce qu'on calcule sa part sur la masse complète, elle a le
droit de le faire, et l'art. 857 n'est pas écrit pour cette hypothèse.

Nous ne retrouverons pas, à propos de l'art. 1098, les

grandes difficultés de l'art. 1091, cependant l'art. 1098 fixe
lui aussi un disponible spécial, mais jamais personne n'a
soutenu que ce disponible spécial fût autre que le disponible
ordinaire limité plus étroitement dans certains cas. La question du cumul ou de la combinaison des art. 913 et 1098 ne
peut donc pas se poser. En revanche, il y aura lieu à réduction toutes les fois que ce disponible spécial sera excédé.
Cette action porte dans la pratique le nom spécial d'action
en retranchement.

L'action en retranchement, qui a pour but de sanctionner
un droit de réserve au profit des enfants du premier lit,
pourra évidemment être exercée par ceux-ci, et comme le
droit d'intenter cette action n'est nullement un droit attaché
à la personne, les créanciers de ces enfants pourront aussi
l'exercer en vertu de l'art. 1166.

Cette action s'ouvre donc en la personne des enfants du
premier lit ; s'ils étaient tous morts, renonçants ou indignes,
elle ne s'ouvrirait pas. Tout le monde est d'accord sur ces
principes, cependant cette question a soulevé de vives
controverses dans un cas particulier. Supposons qu'il y ait
des enfants d'un premier lit vivants et capables, mais qu'ils
négligent ou refusent d'intenter cette action, quelle sera la
contenance des enfants du second lit? Seront-ils réduits au
silence, ou bien pourront-ils agir eux-mêmes? Certainement,
dit-on, l'art. 1098 est écrit exclusivement en faveur des enfants du premier lit ; c'est en leur personne que naît le droit
et ce droit ne naîtra que s'ils sont héritiers ; mais, en vertu du
principe d'égalité de parts entre les enfants d'un même individu (art. 745), tous les enfants doivent se partager la réserve
de l'art. 1098. Les enfants du second lit ont donc intérêt à
demander le retranchement, et, l'intérêt étant la règle des
actions, ils peuvent intenter celle-ci pourvu qu'elle soit née
dans la personne des enfants du premier lit. C'est ce que dit
M. Demolombe : « Si les enfants du second mariage profitent

« du bénéfice de l'action en réduction, une fois exercée, c'est
« évidemment que cette action elle-même est dans la succes-
« sion, *car le bénéfice de l'action ne peut tomber dans la*
« *succession que parce que l'action elle même y était; et si*
« *l'action est dans la succession, l'exercice aussi bien que le*
« *bénéfice en appartient à tous les enfants sans distinction,*
« *puisque tous les enfants ont un droit égal à toutes les*
« *valeurs héréditaires.* »

Nous ne saurions admettre ce raisonnement. Il n'est pas
exact de dire que le droit d'intenter l'action en retranchement fait partie de la succession, car, s'il en était ainsi, il
appartiendrait à tous les héritiers, et les enfants du second
lit pourraient l'exercer lorsque ceux du premier seraient renonçants ou indignes. Cette action en réduction ne fait donc
pas partie de la succession, mais les biens qu'elle a pour
objet tombent dans cette succesion, voici comment : La succession s'ouvre, l'action en réduction de l'art. 1098 naît en la
personne des enfants du premier lit. S'ils l'exercent, ils vont
avoir à compter avec l'art. 745. Ces biens qu'ils font tomber
dans la succession, ils les partageront avec leurs cohéritiers
du second lit parce que tous les enfants d'un même individu
ont des droits égaux à sa succession. Si, au contraire, ils
n'exercent pas l'action en retranchement, ils renoncent à un
droit que la loi a établi en leur faveur, ce qui ne les empêchera pas de concourir avec leurs frères consanguins ou
utérins pour le reste de la succession. Quelle sera donc la loi
qui sera violée? Où trouvera-t-on un texte pour contraindre
un homme à user d'un droit exclusivement établi en sa faveur? De quoi se plaindront les enfants du second lit puisqu'ils touchent tout ce qu'ils pouvaient recevoir aux termes
de l'art. 1094? Si l'on nous objecte qu'une semblable solution
favorise les collusions honteuses des enfants du premier lit
avec le conjoint survivant, nous répondrons que la fraude
peut toujours se prouver, qu'elle entraînera la nullité de la

renonciation ou donnera lieu à un action civile en domma-
ges intérêts, mais qu'on ne saurait renverser une loi parce
qu'elle prête le flanc à la fraude. Il n'est pas de législation
qui résistât à un semblable raisonnement, et il ne s'agit pas
de faire la loi, mais de la commenter.

Or, dans l'espèce, le doute ne nous semble pas possible
devant des textes formels :

Art. 921. « La réduction ne peut être demandée que par
« l'héritier réservataire. »

Art. 1496. « Si la confusion du mobilier et des dettes opé-
« rait au profit de l'époux un avantage supérieur à celui qui
« est autorisé par l'art. 1098, *les enfants du premier lit de*
« *l'autre époux* auront l'action en retranchement. »

M. Demolombe résiste à ces textes : Il est certain, dit-il,
que l'action ne s'ouvre qu'en la personne des enfants du
premier lit, mais elle tombe dès lors dans la succession et
peut être exercée par les enfants du second lit. Et, à ce propos, l'éminent auteur cite une maxime du Droit romain qui
nous émeut assez peu parce qu'elle ne nous explique pas en
vertu de quel principe une action accordée pour sanctionner un droit peut être exercée par un autre que le titulaire
de ce droit ou ses ayant cause. Nous ne comprenons pas davantage pourquoi un héritier réservataire n'aurait pas le droit
de renoncer à sa réserve s'il le juge convenable. Telles sont
pourtant les conséquences du système de M. Demolombe,
car personne n'a jamais prétendu que l'art. 1098 ait été
écrit en faveur des enfants du second lit.

Nous admettons donc que les enfants du second mariage
profitent de l'action en réduction, quand elle est exercée
par les enfants du premier lit, mais que jamais ils ne peuvent
l'exercer eux-mêmes.

La réduction, dans le cas particulier qui nous occupe,
s'effectuera suivant les règles générales; nous nous conten-

terons de renvoyer aux art. 920 et suivants. (Formation de la masse. Ordre des dates, etc.) Cependant, nous pouvons nous demander s'il y aura lieu d'appliquer l'art. 917. En d'autres termes : L'héritier réservataire aura-t-il le choix d'exécuter le legs d'usufruit tel qu'il a été fait, ou d'abandonner au conjoint une part d'enfant en toute propriété? Nous avons vu que l'art. 917 ne pouvait pas s'appliquer à la réduction en vertu de l'art. 1094, mais cela, parce que l'article 1094 fixait un disponible spécial en usufruit et que, dès lors, l'art. 917 devenait inutile. Ici, rien de semblable; l'article 1098 ne s'occupe que de la quotité disponible en propriété, aussi devrons-nous appliquer l'art. 917 aux donations d'usufruit. Il est vrai que nous transformerons ainsi un don d'usufruit en don de propriété, mais cet inconvénient découle nécessairement dans tous les cas de l'application de l'art. 917. Cependant, l'art. 917 ne s'appliquerait pas s'il était évident que le testateur a tenu à ne disposer qu'en viager. Dans ce cas, on devrait se contenter de réduire le don excessif d'usufruit, en lui conservant sa nature.

L'action en retranchement fera rentrer les biens donnés aux mains des enfants, libres de toutes les charges constituées par le donataire. Celui-ci, n'ayant qu'un droit résoluble, n'a pu en concéder de définitifs ; c'est la règle normale des réductions. Mais on pourrait s'étonner de voir ces biens accroître la réserve des enfants, lorsque nous avons dit plus haut, au cas de l'art. 1094, que le produit de la réduction d'une donation exagérée faite par contrat de mariage servait à valider les donations postérieures. Pourquoi cette différence?

Comme le dit fort bien M. Troplong, les deux cas ne peuvent pas être assimilés. Au cas de l'art. 1094, le législateur défend le donateur contre son propre entraînement; « la « réduction est autant dans l'intérêt du père que dans celui « des enfants; elle est une sorte de restitution en entier

« qui le réintègre dans sa liberté aliénée. » Au cas de l'art. 1098, la loi ne s'occupe plus des intérêts de l'époux, mais seulement de ceux des enfants du premier lit.

Valider les donations postérieures avec le fruit de la réduction ce serait le remettre au donateur, « le récompenser plutôt que le punir d'avoir oublié son propre sang. »

Cependant dans un cas spécial le produit de la réduction servirait à valider les donations postérieures. Ce serait lorsque le donateur aurait déclaré donner une somme de..., laquelle somme serait réductible, s'il y avait lieu plus tard à une part d'enfant. En effet, ici, le donateur n'essaye pas de frauder la loi, il s'y soumet, « l'applique lui-même et « ressaisit en quelque sorte, pour en disposer au profit de « tiers, ce qu'il a donné de trop à son conjoint. »

Sanction de la quotité disponible entre époux
(Art. 1099 - 1100).

Après avoir limité la quotité disponible entre époux, il importait de donner une sanction à ces règles, c'est ce que le législateur a fait dans les art. 1099 et 1100. Le premier de ces deux articles déclare nulles ou réductibles certaines donations, le second choisit certaines catégories de personnes qui sont présumées interposées. Art. 1099 : « Les « époux ne pourront se donner indirectement au-delà de ce « qui leur est permis par les dispositions ci-dessus. Toute « donation ou déguisée ou faite à personnes interposées « est nulle. »

Il est facile de voir à la lecture de ce texte qu'il vise les donations faites en vertu de l'art. 1094, comme celles faites en vertu de l'art. 1098, et l'on s'étonne que l'avis contraire ait pu avoir des partisans. De même l'art. 1099 et l'art. 1100 servent de sanction à la prohibition de l'art. 1096. Ainsi, les donations faites par l'un des conjoints à l'enfant que l'autre conjoint a eu d'un premier lit, sont soumises aux art. 1099 et 1100, alors même qu'elles n'excéderaient pas ce que le donataire aurait pu recevoir directement. L'art. 1099 se compose de deux paragraphes ; les discussions les plus vives sont nées à propos de l'interprétation du second.

PREMIER SYSTÈME. — Le premier paragraphe déclare réductibles les donations indirectes et le second prononce la nullité des libéralités déguisées ou faites par personnes interposées. Le texte est parfaitement clair ; en outre, cette distinction entre les donations indirectes et les donations déguisées ou par personnes interposées est fort rationnelle. La donation indirecte est celle qui se fait au grand jour, qui ne peut donner lieu à l'accusation de fraude, il sera ordinairement facile de la découvrir. Au contraire, les donations déguisées ou par personnes interposées se cachent, elles seront faciles à faire et difficiles à découvrir, par conséquent plus dangereuses. Le législateur a dû sévir contre elles plus rigoureusement, c'est le principe : « *Lex arctius prohibet quod facilius fieri putat.* » Ce système semble solidement étayé sur le texte et sur la raison, il a eu cependant à supporter les attaques les plus violentes. On a dit :

DEUXIÈME SYSTÈME. — En Droit commun, le législateur permet les libéralités déguisées ou par personnes interposées jusqu'à concurrence de la quotité disponible ; est-il raisonnable d'admettre qu'il a voulu les interdire entre époux ? Partant de là, on tient le langage suivant : Le paragraphe second de l'art. 1099 n'a pas la portée qu'on lui donne, il répète la prohibition du premier paragraphe et sert de transition à l'art. 1100. En d'autres termes, c'est une redite. Sans doute, ce reproche peut paraître, à premier abord, un peu hasardé, mais combien de fois notre législateur n'en a pas mérité de plus forts encore, et particulièrement ne commet-il pas, dans l'art. 911 précisément, la faute que nous lui reprochons ici. Du reste, ce système que nous présentons est fort logique, car, sans aller aussi loin que M. Duranton et sans prétendre qu'une distinction est impossible entre les deux catégories de libéralités visées par l'art. 1099, du moins peut-on soutenir qu'une telle distinction est subtile, que si elle existait en Droit romain, nulle part notre législateur ne l'a reproduite et que, quant aux inconvénients, les unes et les autres sont aussi dangereuses, une donation indirecte étant souvent aussi difficile à découvrir qu'une donation déguisée. Le système précédent pèche donc par sa base. Il se place encore à un point de vue faux, lorsqu'il semble croire que les donations déguisées ou par personnes inter-posées sont toujours faites dans un but de fraude. Voici, no-tamment, un cas qui se présentera souvent et que M. Merville a exposé avec talent dans la revue pratique de Droit français. Il arrive que, par contrat de mariage, l'un des futurs con-joints veuille gratifier l'autre d'une libéralité et ménager, à la fois, l'amour-propre de sa nouvelle famille. Ainsi, un jeune homme possédant une grande fortune épouse par inclina-tion une jeune fille dont la famille veut paraître riche, alors qu'elle ne l'est pas; le futur époux n'hésitera pas à recon-naitre à sa femme un apport fictif. A-t-il songé à frauder la loi? Nullement, il a voulu assurer son bonheur, et cette libé-ralité, il ne pouvait pas la faire ouvertement. Vous la déclarez nulle; mais, prenez-y garde, vous frappez ainsi la jeune femme et cependant elle n'est pas coupable. Ce n'est pas elle qui a discuté les articles de son contrat de mariage, mais son père ou son conseil. Vous interdisez donc à la fois un acte de délicatesse et vous punissez un innocent. Croyez-vous être dans l'esprit de la loi? Il me suffira de vous rap-peler que cette loi a su comprendre nos faiblesses et que souvent elle transige avec elles; ainsi, lorsqu'au lieu de dé-clarer nulles les contre-lettres, elle les prive seulement de tout effet à l'égard des tiers (art. 1321). Ainsi, encore, lorsqu'elle tolère les ventes à fonds perdu à un des successibles (art. 918), ou les associations entre un homme et un de ses héritiers présomptifs (art. 854) et dans tant d'autres cas qu'il serait trop long de rappeler. Le système de la nullité absolue est donc illogique et d'une sévérité outrée. N'est-il pas préférable d'amettre que les donations déguisées ou par personnes interposées sont seulement réductibles, si elles excédent la quotité disponible ?

Malgré l'autorité des noms de MM. Duranton, Coin-Delisle et Merville, défenseurs de la théorie que nous venons d'exposer; malgré les arguments qu'ils présentent, nous persistons à croire que le premier système est le seul bon. Sans doute, il y a quelque chose de choquant à voir interdire entre époux les donations déguisées qui sont permises à l'égard d'un tiers, mais ce sentiment ne saurait prévaloir contre un texte formel.

. Il est facile d'accuser le législateur d'une redite, c'est un procédé fort usité et fort commode, les absents ont tort et Tribonien en sait quelque chose; mais il serait bien étonnant, comme on l'a fait remarquer, qu'après avoir exprimé clairement et d'une façon correcte sa pensée, le législateur fût revenu sur ce qu'il avait dit pour commettre une faute grossière de langage et peut-on soutenir cette thèse quand un autre sens se dégage facilement et naturellement de la phrase incriminée! Certainement, la décision de la loi est sévère, mais la distinction des donations indirectes et déguisées existait dans notre ancien Droit, et, il faut bien l'avouer, il y avait là un grad danger à craindre; sans doute, l'hypothèse développée par M. Merville se présentera souvent, mais cela n'empêche pas que la donation déguisée ou par personne interposée soit ordinairement faite en fraude des dispositions sur la quotité disponible entre époux.

TROISIÈME SYSTÈME. — MM. Troplong et Aubry et Rau, chacun de leur côté, ont cru trouver la vérité dans un système mixte. Celui de M. Troplong peut s'énoncer ainsi : Si la libéralité déguisée n'excède pas la quotité disponible, elle est valable ; si elle l'excède, elle est nulle.

Ce système est universellement repoussé, et cela se comprend, car il est très dangereux. Qui est-ce qui peut savoir exactement par avance ce que sera sa quotité disponible, et n'est-ce pas folie que de soumettre la validité d'un acte à un pareil aléa ? Le moindre cas fortuit serait la ruine de la donation tout entière.

QUATRIÉME SYSTÈME. — Aussi, MM. Aubry et Rau, au lieu de voir si la quotité disponible a été excédée en fait, se contentent de rechercher si l'intention du donateur était de dépasser les bornes que lui fixait la loi. Si telle était son intention, la donation sera nulle ; sinon, elle sera réductible. Le fait que le disponible a été dépassé fera supposer l'intention de frauder la loi. Pas plus que le précédent, ce système n'est admissible, tous les deux établissent des distinctions tout à fait arbitraires. On a voulu éviter à tout prix une règle qui paraissait trop dure. Pour notre part, nous croyons que c'est le cas de rappeler l'adage : « *Dura lex, sed lex ;* » « quand une « loi est claire, il ne faut point en éluder la règle sous pré- « texte d'en pénétrer l'esprit. »

A propos de l'art. 1099, il nous reste une question à examiner. A qui appartient l'action de cet article ? Les auteurs des systèmes qui admettent la nullité relative, conséquents avec leurs principes, n'accordent cette action qu'aux héritiers réservataires ou à leurs créanciers, en vertu de l'art. 1167 et non de l'art. 1166. Mais nous croyons, avec M. Demolombe, qu'elle est ouverte à tout intéressé et même au donateur, comme toute action en nullité absolue fondée sur vice de formes et sur l'ordre public.

L'art. 1100 fixe certaines classes de personnes qui sont présumées interposées ; ce sont :

1° L'enfant du premier lit de l'époux donataire ;

2° Les personnes dont l'époux était héritier présomptif au moment de la donation.

I.— L'enfant du premier lit de l'époux donataire est présumé interposé au profit de son auteur ; par conséquent, toute donation qui lui serait faite par l'autre conjoint serait nulle. Cette présomption ne peut être étendue aux enfants communs. En revanche, on admet généralement que l'enfant naturel est personne interposée, malgré les mots « d'un premier lit, » qui ne sont écrits que pour écarter les enfants communs. Enfin, un petit enfant issu d'un enfant du premier lit donnerait lieu à la règle, lors même qu'il ne serait que conçu.

II. — Sont encore présumés interposés, les parents dont l'époux était héritier présomptif au moment de la donation. Cette règle doit être interprétée strictement comme toutes celles qui limitent la capacité des personnes. Il faudra donc, pour qu'elle s'applique :

1° Que le conjoint ait été héritier présomptif ;

2° Au moment de la donation.

Le fait que l'époux a hérité du donataire ne serait pas suffisant ; mais, au contraire, il n'est pas nécessaire qu'il hérite : qu'il ait été héritier présomptif au moment de la donation, cela suffit.

Dans notre ancien Droit, le grand-père était présumé interposé, bien que le père vécût ; une telle décision est bien dans l'esprit de la loi, mais non pas dans ses termes ; nous devons donc la repousser.

Sur les présomptions de l'art. 1100, la loi annule la donation ; c'est assez dire que ces présomptions sont *juris et de jure* et que la preuve contraire n'est pas admise. Rappelons, toutefois, qu'aux termes de l'art. 1352, le juge pourra admettre l'aveu ou le serment.

Enfin, en dehors des présomptions de l'art. 1100, les tribunaux sont libres d'admettre et les parties de proposer la preuve de toute autre interposition de personne; on rentre alors dans les règles de droit commun.

POSITIONS.

DROIT ROMAIN.

I. Le fait par le mari de laisser usucaper par sa femme une chose qu'il pouvait usucaper lui-même constituait une donation prohibée.

II. Les donations *exilii causâ* étaient permises.

III. Explication de la loi 44 au titre des donations entre époux.

IV. Le sénatus-consulte de Caracalla s'appliquait à toutes les donations prohibées, à celles faites par promesse comme à celles faites par tradition.

DROIT CIVIL.

I. Les donations entre époux par contrat de mariage sont révoquées par la séparation de corps et révocables pour ingratitude.

II. L'art. 1095 s'applique au mineur de vingt et un ans.

III. Les donations entre époux pendant le mariage sont des donations entre-vifs.

IV. Les donations entre époux pendant le mariage ne sont pas caduques par prédécès du donataire.

V. La quotité disponible de l'art. 1094 est la seule applicable aux donations entre époux, quand il n'y a pas d'enfants issus d'une précédente union.

VI. Combinaison des art. 1094, 913 et 917 du Code civil.

VII. Les libéralités déguisées ou faites par personnes interposées sont nulles et non pas seulement réductibles (articles 1099-1100).

DROIT COMMERCIAL.

I. L'acquéreur de l'immeuble du failli peut transcrire après le jugement déclaratif de faillite, jusqu'à l'inscription à prendre par le syndic dans l'intérêt de la masse.

II. La faillite résulte de la cessation de payement des dettes commerciales et non des dettes civiles.

PROCÉDURE.

I. L'incompétence des tribunaux civils en matière commerciale est absolue.

II. L'inadmissibilité de l'action qui devait être précédée d'une tentative de conciliation et qui ne l'a pas été n'est pas une règle d'ordre public, susceptible d'être invoquée en tout état de cause.

DROIT PÉNAL.

La diffamation contre les morts n'est pas punie par nos lois pénales.

DROIT ADMINISTRATIF.

Les tiers lésés par l'exploitation d'un établissement incommode, insalubre ou dangereux, régulièrement autorisé, peuvent demander une indemnité.

Vu par le Président de la Thèse :

BAUDRY-LACANTINERIE.

Vu par le Doyen de la Faculté de droit :

A. COURAUD.

Vu par le Recteur de l'Académie de Bordeaux et permis d'imprimer :

CH. ZÉVORT.

TABLE DES MATIÈRES.

———

DROIT ROMAIN.

Des secondes noces.

DROIT FRANÇAIS.

I. — Il n'y a pas d'enfants d'un précédent lit.

(Art. 1094.)

Système de M. Benech

Combinaison des art. 913 et 1094.

II. — Il y a des enfants d'un précédent lit.

(Art. 1098.)

Sanction de la quotité disponible entre époux.

(Art. 1099.)

(Art. 1100.)

Sont présumés interposés :

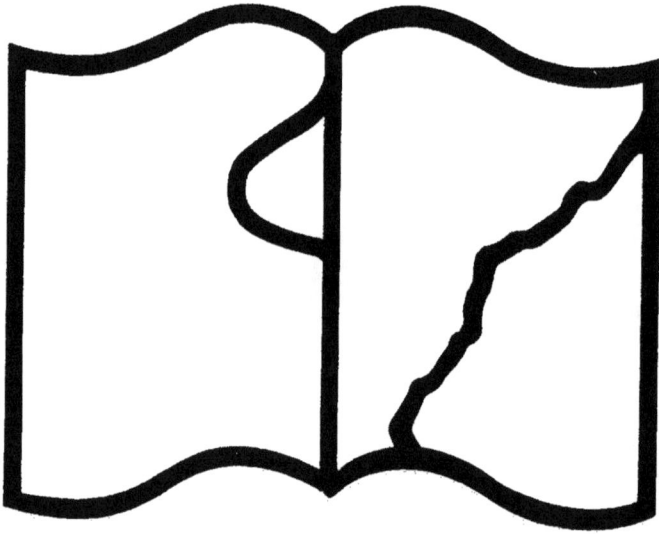

Texte détérioré — reliure défectueuse